Peter Chris Mendl

Praxis des Zeichnens

Techniken, Konstruktionen, Anatomie

BLV Verlagsgesellschaft
München Wien Zürich

CIP-Kurztitelaufnahme der Deutschen Bibliothek

Mendl, Peter Chris:
Praxis des Zeichnens:
Techniken, Konstruktionen, Anatomie /
Peter Chris Mendl. –
München; Wien; Zürich:
BLV Verlagsgesellschaft, 1986,
(BLV Idee & Praxis:
Freizeit gestalten; 609)
ISBN 3-405-13196-0

NE: BLV Idee und Praxis /
Freizeit gestalten

BLV Idee & Praxis
Freizeit gestalten 609

Titelzeichnung: Autor

Satz und Druck: Appl, Wemding
Bindung: Ludwig Auer, Donauwörth

Printed in Germany · ISBN 3-405-13196-0

Bildnachweis

Rijksmuseum-Stichting, Amsterdam: van Dyck, Seite 36
Lin Fêng-mien, »Schauspieler aus einer klassischen Oper« (aus: Chinesische Aquarelle der Shanghaier Malerschule), Seite 10
Figurinen, Seite 11: links: Prof. Heinrich, rechts: unbekannt
Alle anderen Bilder und Zeichnungen: Autor

BLV IDEE & PRAXIS

Freizeit gestalten

501 Wohnen mit Holz
509 Das kann ich selbst: Tapezieren
511 Schöne Batik
514 Töpfern lernen
601 Das kann ich selbst: Kleine Möbel und Einbauten nach Maß
602 Kinderspiele – Kinderspielzeug selbst gemacht
603 Salzteig-Modelle
604 Patchwork und Quilten
605 Malen nach europäischen Volkskunstmotiven
606 Modellieren
607 Malen nach Pflanzenmotiven
608 Praxis des Malens
609 Praxis des Zeichnens
610 Blumenschmuck für schönes Wohnen

Essen und genießen

503 Selbstgemachtes aus der Küche zum Verschenken
504 Obstkuchen – Obsttorten
506 Selber backen mit Vollkorn
510 Gesunde Wildkräuterküche
512 Die Kunst schlank zu bleiben
513 Weihnachtliche Bäckerei
515 1 × 1 der richtigen Ernährung
516 Die Kunst Tee zu trinken
517 Kartoffeln rund und gesund
518 Selbstgemachte Marmeladen und Gelees
519 Vollwert-Süßspeisen
520 Kinderfeste
521 Genüßliche Weinkunde
522 Einlegen · Trocknen · Kandieren
523 Eis selbst gemacht
524 Köstliche Obstspeisen
525/526 Aus türkischen Küchen
527/528 Aus griechischen Küchen

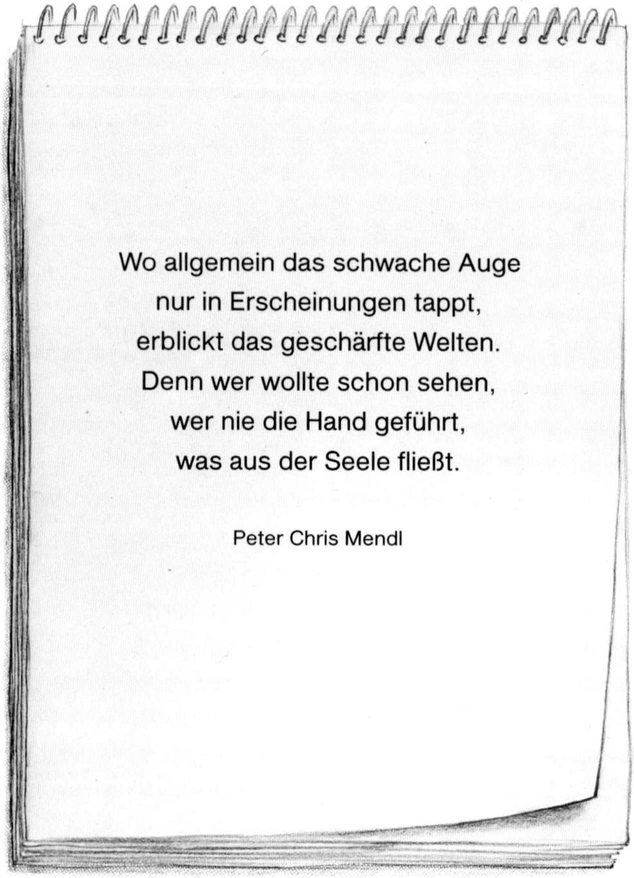

Wo allgemein das schwache Auge
nur in Erscheinungen tappt,
erblickt das geschärfte Welten.
Denn wer wollte schon sehen,
wer nie die Hand geführt,
was aus der Seele fließt.

Peter Chris Mendl

Inhalt

Einführung

Am Anfang jeder bildnerischen Vorstellungswelt liegen Grund und Ziel in der Zeichnung, geradeso wie »Am Anfang war das Wort«, am Anfang war der Geist, am Anfang war die Idee. Denn ob Maler, Bildhauer oder Bühnenbildner usw. – jeder findet hier nicht nur eine Basis seines Schaffens, sondern auch die Geburt zu einer Idee; ergeht es dem Zeichner doch oft nicht anders als dem Schriftsteller, der während des Schreibens neue Ideen findet. Doch damit nicht genug, schließlich können mit zeichnerischen Gestaltungen Welten geschaffen werden, die weit über das rationale Erfassen von Gegenständen hinausgreifen können (↓). Wohl auch ein Grund dafür, daß

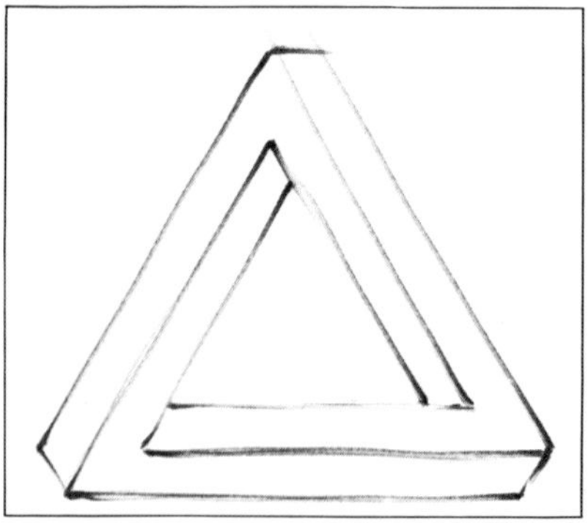

die sichtbare Welt niemals den Realitätsanspruch für sich allein zueigen haben kann, und dies liegt auch im Phänomen der optischen Täuschungen begründet, denen wir ständig in allen sichtbaren Formen unterworfen sind. So erscheinen die dargestellten Linien (↗) – obwohl zueinander parallel liegend – nicht als solche sichtbar. Die Querstriche lassen die

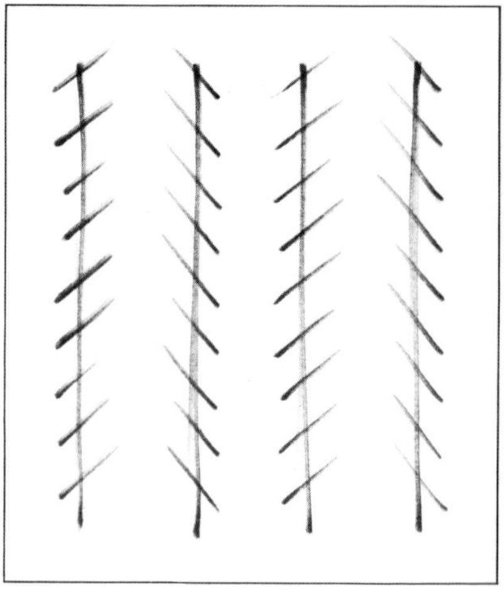

Längslinien schräg erscheinen. Andererseits wiederum erfahren wir die sichtbare Welt nicht ausschließlich als optische Täuschung, da bei Erkenntnisvorgängen eben nicht nur das Auge eine Rolle spielt – sonst würden wir im Grunde genommen all das Sichtbare wie auf den Kopf gestellt und wie mit einem Fischauge-Objektiv sehen. Letzteres festzustellen ist sehr einfach. Man braucht sich hierzu lediglich im Abstand von ein paar Metern vor die Wand eines Zimmers hinzustellen und die Ecken an der Decke mit einem waagerechten Bleistift anzuvisieren. Ohne Kopfbewegungen, allein durch unser Gesichtsfeld bedingt, wird sowohl bei der linken als auch bei der rechten Ecke (↗) der Kantenstoß mit der Decke etwas schräg erscheinen, so daß die Verbindungslinie beider Eckpunkte gekrümmt darzustellen wäre, was aber der Wirklichkeit nach nicht zutrifft. So ist aus diesen Tatsachen heraus einsichtig herleitbar, daß es

Einführung

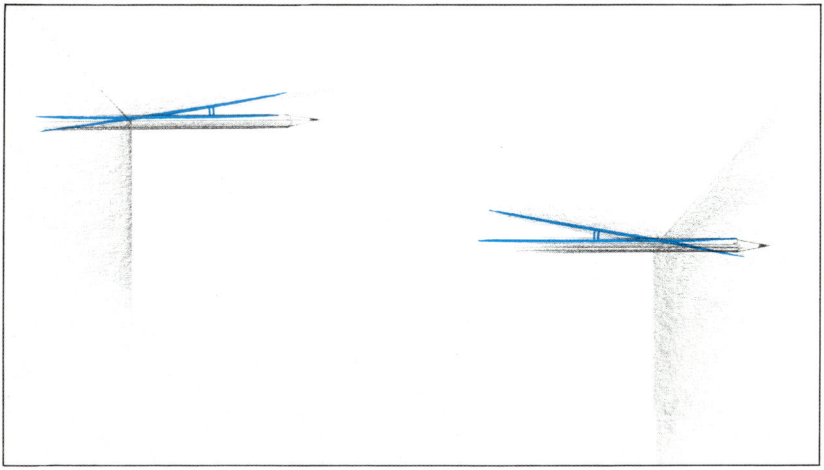

mit einem Daraufloszeichnen nie getan sein kann, schon gar nicht mit bloßem Abzeichnen; geht es auch andererseits oft um das Erkennen von Linien, die zwar sichtbar nicht vorhanden, aber doch sehr entscheidend sind, wie noch zu sehen sein wird. Auch der spontan lebhafte Strich eines geübten Zeichners basiert nie auf bloßem Kopieren. Denn Zeichnen fußt im Ganzen und im Grunde auf einer geistigen Einfühlnahme; sei es, um das Charakteristische eines Gegenstandes hervortreten zu lassen, oder um dessen funktionelle Zusammenhänge logisch erfassen zu können, wobei letzteres nicht nur mit technischem Zeichnen zu tun hat. Ohnehin wird in diesem Buch das technische Zeichnen nicht behandelt, sondern es geht um den vielschichtigen Bereich zeichnerischer Ausdrucksgestaltung. In diese Materie – neben Anführungen von Konstruktionen – wird tief eingegangen und nicht jene fatale Fährte eingeschlagen, auf der der utopische Satz kursiert: »Jeder kann malen, jeder kann zeichnen«. Abgesehen davon sind Begabungen so unterschiedlich, wie nie jeder jeder sein kann. Selbst beim uomo universale in der Renaissance kann man Talente bei der einen oder anderen Größe nicht ad absurdum führen.

So wird untersucht, wie anhand unterschiedlicher Techniken wirkungsvolle Ausarbeitungen hervortreten können und wie vom Ausdruck her Gestaltungskriterien herauskristallisierbar sind. Dabei wird auf Kriterien über kompositorische Gesichtspunkte und über Proportionsverhältnisse nicht eingegangen, denn sie sind im vorangegangenen Buch *Praxis des Malens* (BLV Verlag) beschrieben. Weiterhin – um die Zeichnung an sich zu verstehen – werden sowohl ihre Ansprüche als auch ihre Geschichte durchleuchtet.

Peter Chris Mendl

Grundlegende Argumente

Genau genommen stand seit jeher die Zeichnung als eigenständiges Kunstwerk gegenüber der Malerei, der Skulptur und der Architektur immer etwas hinten an. Denn diese Geburt der Idee - wie eingangs erwähnt - wollte gerne weiterentwickelt sein, entweder zu einer malerischen Aussage oder zu einer bildhauerischen usw. Es ist etwa wie mit dem Bezug von Eltern zu ihrem Kind, die es zwar als Baby erstmals haben, aber doch schon daran denken, was aus ihm werden kann.
So wurden auch die Ritzzeichnungen in Höhlenwänden erst durch die Malerei vervollständigt, und die Zeichnungen auf griechischen Vasen dienten ebenso nur als Grundlage für weitere Ausführungen auf diesen Gefäßen. Die Zeichnung als Mittel zum Zweck verwendet, erfolgt so auch noch in der Renaissance, allerdings wesentlich weitergeführt. Es ging nicht nur um →Werkzeichnungen und →Vorzeichnungen, sondern um →Studien, und nicht zuletzt auch um die Forderung des Buchdruckes, unaufwendige Bilder haben zu müssen. Ihre Wirkung als eigenständiges Kunstwerk wurde so eingeleitet und gelangte in Italien und später vor allem bei Rembrandt zur vollen Blüte. Auch in der östlichen Kultur hat sie sich teilweise zu einer besonderen Art lebhaften Ausdrucks entwickelt (Seite 10↑). Mit wenigen Mitteln wird durch gekonnte Striche eine Aussage erreicht, die der Malerei nicht im geringsten nachsteht. Überhaupt ergeben sich geradezu unüberschaubare Gestaltungsmöglichkeiten - bis hin zu den *Comics.*
In vielen Bereichen dehnt sie sich aus, und man bedient sich vieler Techniken. Doch es wäre fatal, eine Kritzelei oder eine skizzenhaft dargelegte Vorstellung schon als Zeichnung zu erachten. Außerdem würde dieser Umstand schnell auf die banale Ebene hinauslaufen, indem man die Zeichnung eines weltbekannten Künstlers nur deshalb positiv einschätzen will, weil dieser eben berühmt ist. Auch geriete man in eine Sackgasse, wollte man in der Spontaneität von →Skizzen lediglich dem Besonderen in der Unmittelbarkeit Achtung schenken. Nicht minder würde man sich verfangen, möchte man hergehen und das künstlerische Vermögen nur von Skizzen ableiten und bewerten, als ob ein großer Maler oder Bildhauer von vornherein ein guter Zeichner zu sein hat, ungeachtet dessen, daß jeder bildnerische Zweig seinen eigenen Teil abverlangt. Weiterhin wäre es völlig ungerechtfertigt, die Aussagekraft lebhafter Striche zu mißachten, um lediglich nach genau gesetzten Konturen zu beurteilen.
Die Beurteilungskriterien sind weitaus differenzierter und müssen auch von einer übergeordneten Basis ausgehen.
Auch jene Betrachtungsweise, in Zeichnungen nur Spiegelbilder von Empfindungen zu sehen, wäre ein ungenügendes Unternehmen. Gewiß, jeder Zeichnung liegt zweifellos eine bestimmte Handschrift zugrunde, die ebenso mit einer Graphologie bewertbar ist. Aber ist deshalb schon gewährleistet, daß der gezeichnete

Gegenstand voll zur Wirkung kommt? Schließlich geht es ja nicht darum, nur schön und rhythmisch zu zeichnen, sondern es wird grundlegend der Anspruch vordergründig, daß diese Handschrift auch fähig ist, die Merkmale eines Gegenstandes wirkungsvoll zum Ausdruck zu bringen. Somit ist es also niemals der schwungvolle Strich oder die genaue Kontur allein, was eine Zeichnung ausmacht, sondern sie muß zunächst auf ihre Aussagekraft hin untersucht werden. Freilich, so optimal wie möglich zu dieser Aussagekraft zu gelangen, bedarf es eben einer talentierten Hand und nicht nur einer beliebigen Handschrift. Man bedenke, was es heißt, erst einmal den Gegenstand in seiner Form zu erfassen, dann das Charakteristische herauskristallisieren zu können und letztlich die Fähigkeit zu besitzen, diese gewonnene Erkenntnis auch aufs Papier zu bringen.

Die Art und Weise, wie dies geschieht, kann entweder in Form genauer Darstellungen oder in der Darlegung von Empfindungen erfolgen. Beides hat seine Berechtigung und muß nicht unbedingt zur Malerei konträr stehen, gibt es doch Werke, die zwar gemalt, aber bis in alle Details durch genau abgrenzende Konturen »gezeichnet« erscheinen. Umgekehrt gibt es Zeichnungen, die – etwa durch →Lavieren – wie »gemalt« anmuten. Trotzdem liegt aber *das Zeichnerische* in einer ganz anderen Dimension als *das Malerische,* und natürlich nicht darin, daß das eine durch Formen wirkt und das andere nur durch Farben. Denn wie die Malerei nicht grundsätzlich mit Farben einhergehen muß, kann auch die Zeichnung aus farbigen Strichen bestehen. Nein, der Unterschied liegt im Zusammenwirken von Konturen: in der speziellen Ausarbeitung heller und schattierter Stellen zueinander. Denn wo das Zeichnerische abgrenzt, läßt das Malerische die Grenzen fließen. Das Malerische ist modelliert mit Pinselstrichen, das Zeichnerische hinterläßt den besonderen Strich. Wo das Malerische die Durchwirkung von Oberflächen durch Lasuren und alle möglichen Raffinessen betont, hebt die Zeichnung die Oberfläche von Gegenständen durch markante Strichführungen hervor.

Das Zeichnerische lebt mehr durch den formalen Eigenwert, als daß es in das Atmosphärische so tief eindringen könnte, wie die Malerei. Gewiß kommen das Zeichnerische und das Malerische nicht immer voneinander getrennt vor, schließlich bedient man sich bei der Zeichnung nicht selten anderer bildnerischer Mittel, wie etwa die lavierte Federzeichnung u. ä.

Aber – davon ist zu unterscheiden – wenn man andere bildnerische Mittel nachahmen will, um etwa stufenlose Übergänge durch mehrmaliges Verwischen von Strichen zu erreichen, geht dadurch das Eigentümliche der Zeichnung schnell verloren; unter anderem können auch unnütze »Verquälungen« eintreten.

Außerdem kann gerade die spezielle Strichwirkung einer Zeichnung einen Ausdruck schaffen, der beispielsweise mit der Photographie nie zu erreichen ist.

Anders wiederum, wenn ein bestimmter Ausdruck eine spezielle Vorgehensweise erfordert, wie beim

Tusche

Bild auf Seite 11 (↑). Hier kommen die verwendeten Materialien in ihrer Eigenart vollends zur Geltung. So wurden bei dieser dramatischen Stimmung zuerst mit der Kante eines Kohlestiftes der Himmel als auch das Meer grob angelegt. Dann wurde an bestimmten Stellen der Kohlestaub mittels Knetgummi so entfernt, daß Mond, Wolken und Wasserspiegelungen entstanden. Daraufhin wurden mit einem harten Kreidestift dunkle Schattierungen am Horizont und vor allem im Vordergrund angebracht und zuletzt nochmals mit dem Kohlestift der Himmel modelliert, ohne mit Fingern oder anderen Hilfsmitteln den Kohlestaub zu verreiben.
Doch ungeachtet dieser Untersuchungen, inwiefern Materialien technisch eingesetzt werden können, sind doch vor allem Gestaltungskriterien für die Aussagekraft bedeutungsvoll. Eines davon wird sogar von Unbeflissenen rasch erkannt, nämlich das Kriterium der geübten →Strichführung, wie dies aus der Gegenüberstellung eines positiven und negativen Beispiels (→) ersichtlich wird. Es handelt sich um Figurinen –

Kohle und Kreide

einer →Werkzeichnung ähnlich – nach denen der Schneider erkennen soll, wie die Kostümierung für ein Bühnenwerk auszusehen hat. Einer lebhaften und doch gezielten Strichführung (↙) steht eine zittrige und ängstliche (↘) gegenüber. Außerdem scheint die rechte Figur auf wackeligen Beinen zu stehen und ist zudem noch durch die vielen überflüssigen

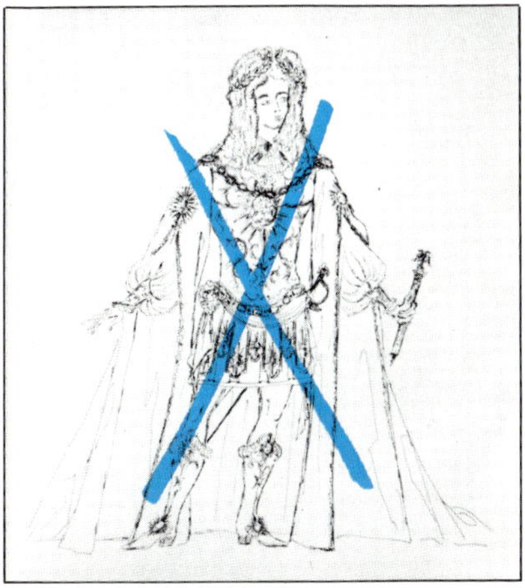

Striche überstrukturiert. Was für eine Kraft hingegen strahlt von der linken Figur aus! Zu beachten sind auch die verschieden breiten Striche, welche nicht zufällig hingesetzt sind, sondern eine talentierte Hand spürbar werden lassen. Davon zu unterscheiden sind flüchtige Striche (→), wobei man deutlich bemerkt, daß es dem Zeichner wohl wirklich nur darum ging, das Gesehene nur flüchtig, ohne Teilnahme, gefühllos aufs Papier zu bringen. Außerdem wirkt die Auslassung des Dachgesimses, weil eine Palme davor steht, geradezu peinlich. Ganz anders wiederum die großartige →Strichführung bei

Rembrandt (↑): Es geht dabei nicht nur um eine gezielte Strichgebung, sondern die ganze Art und Weise, wie bei einzelnen Stellen Verdichtungen und Auflösungen erfolgen, wirkt geradezu elektrisierend. Daraus resultiert, daß der genau gesetzte Strich, vor allem bei konstruktivem Vorgehen technischen Zeich-

nens, nie einen endgültigen Maßstab für Beurteilungen darstellen kann. Gerade der unmittelbar freihändig gestalteten Zeichnung gebührt eine besondere Aufmerksamkeit und auch eine besondere Überprüfung. Diese blieb aber durch die ganze Kunstgeschichte hindurch nicht selten unbeachtet, so daß es nicht verwunderlich ist, wenn man Rembrandts Zeichnungen nach seinem Tod teilweise weiter ausführte, um sie als »vollständige« Zeichnungen besser verkaufen zu können.

Zuordnungen unterschiedlicher Ansprüche

Eine Skizze muß nicht von vornherein als solche gelten. Sie kann gerade durch eine geübte, meisterliche Hand so ausgeführt sein, daß bereits eine geschlossene, endgültige Wirkung von ihr ausgeht. Ebenso kann eine *Karikatur* zugleich ein *Cartoon* sein usw. Aber es ist zur Beurteilung von Zeichnungen unerläßlich, sie, je nachdem, was mit ihnen beabsichtigt wird, ihrem Anspruch entsprechend

zuzuordnen, ohne daß damit gleich ein »Schubladendenken« verfolgt wird.
Wesentlich ist vor allem der Unterschied zwischen *Darstellung* und *Gestaltung.* Selbst wenn das eine wie das andere nicht ausschließlich voneinander getrennt vorkommen, muß eine Darstellung - beispielsweise eine Skizze - nicht von vornherein durchgestaltet sein, muß eine Gestaltung - etwa ein abstraktes Werk - nicht unbedingt etwas darstellen.
Der Darstellung bedient man sich allemal, sei es darum, daß es um bildnerische Vorstellungen geht, wie etwas aussehen soll oder wie die Komposition eines Bildaufbaues am besten wirken kann usw., oder sei es darum, daß es um Veranschaulichungen geht, z. B. wie bei Wohnungseinrichtungen, oder wie ein Mechanismus funktionieren soll u. ä.
Diese Darstellungen können je nach Verwendungszweck genauer oder ungenauer ausgeführt sein. Genaue Ausführungen betreffen unter anderem die *technische Zeichnung,* die *Architekturzeichnung* sowie die *Reinzeichnung* vorangegangener skizzenhafter Zusammenhänge.
Grob ausgeführt sind dagegen Skizzen, Vorzeichnungen und teils auch aufgerissene *Werkzeichnungen,* die lediglich bestimmte Zusammenhänge angeben, damit beispielsweise ein Schreiner in der Lage ist, eine Kommode zu fertigen.
Geht es aber nicht um die Genauigkeit, sondern um die Gestaltung ausdrucksbewegter Wirkungen, so ist die Zeichnung mehr oder weniger für sich ein selbständiges Kunstwerk. Man spricht hierbei auch von einer *autonomen Zeichnung.* Der lebhaft angerissene (a) oder der sich verdichtende und auflösende Strich (b) sowie der konturierte Strich der sogenannten Kontur- oder Strichzeichnung (c) ist in den Inhalt einer Aussage integriert (↓) und nicht nur Träger wie bei der Darstellung, die lediglich auf Sachverhalte hinweist.
Die autonomen Zeichnungen als ausdrucksbetonte Gestaltungen können naturalistischer und abstrakter Natur und auch - wie bei Karikaturen - von einer umgesetzten Formgebung durchwirkt sein.
Der Gebrauch von *Illustrationen* als unterstützendes Beiwerk für einen Text kam mit dem Buchdruck auf und hat bis heute nicht an Bedeutung verloren. Nicht selten ist sie auch karikativ durchgestaltet. Die *Karikatur* nimmt eine besondere Stellung innerhalb des bildnerischen Gestaltens ein, da sie nicht nur den Weizen von der Spreu trennt - wie dies die allgemeine Aufgabe der Kunst sein soll -, sondern durch überstiegene, aber gezielte Übertreibungen von Merkmalen wirkt. Allerdings zu glauben, daß Karikieren einfach sei - man würde es weit unterschätzen. Denn von der Ausführung her beansprucht das Karikieren ein großes Maß an Seh-

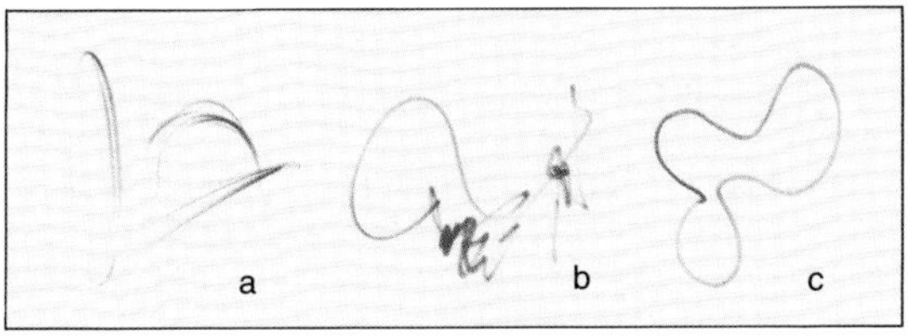

kraft und Gestaltungsvermögen, um eben so optimal wie möglich übertreiben zu können.
Aus dem Zusammenwirken von Illustrationen damaliger Bilderbogen und der Karikatur entwickelten sich in Amerika die *Comics.* Davon zu unterscheiden sind die *Cartoons.* Obwohl diese ähnliche Ziele wie die Karikatur verfolgen, liegen sie mehr im Bereich der Darstellung als in jenem der Gestaltung, so daß hierzu kein besonderes zeichnerisches Talent abverlangt wird, sondern vielmehr die Fähigkeit, Pointen setzen zu können.
Wirkt eine Zeichnung von der Ausführung her ziemlich flächig mit hart abgrenzenden Konturen, so liegt eine *graphische Ausführung* vor, die zur Vervielfältigung - wegen dieser harten Konturierung - sehr gut geeignet ist. Daraus hat sich die *Gebrauchsgraphik* entwickelt, wobei eben graphische Ausführungen - und das müssen keine Zeichnungen sein! - für werbewirtschaftliche Zwecke oder Landkarten u. ä. »gebraucht« werden. Davon zu unterscheiden ist die Graphik bzw. *Druckgraphik:* Radierungen, Holzschnitte usw. Sie hat mit Zeichnungen nur insofern etwas zu tun, daß diese als ursprüngliches Bildwerk mittels Kupferstich usw. vervielfältigt werden.
Bei der Ausarbeitung von Zeichnungen können unterschiedliche Ansprüche erfüllt werden. So gibt es wesentliche Unterscheidungen, die beispielsweise im Entstehungsprozeß großer Gemälde oder Wandgemälde eine entscheidende Rolle spielen. Ihre Merkmale sind am besten unterscheidbar, wenn man sich den Weg von der Idee bis hin zum ausgeführten Werk (→) vergegenwärtigt. Da folgen nicht selten in Schritten hintereinander: Entwurfsskizze - Studie - Vorzeichnung - Karton - ausgeführtes Werk.
Der *Entwurf* stellt entweder eine grob aufgerissene Skizze oder eine ausführlichere Darlegung von Gegenständen bzw. Vorstellungen dar. Mit der *Skizze* werden entweder sichtbare Gegenstände, plötzliche Einfälle (Seite 16↑) oder auch kompositorische Überlegungen mit groben Strichen festgehalten, ohne auf zeichnerische Qualität und Details zu achten. Oft werden auch über ein und dasselbe Thema mehrere Kompositionsskizzen angelegt (Seite 16←), um eben die bestmögliche Wirkung einer Auslegung überprüfen zu können.
Ganz anders bei der *Studie.* Hier werden Beschaffenheiten von Gegenständen, die Licht- und Schattenverhältnisse, die Eigenschaften bestimmter Vorgänge (aufsteigender Rauch einer Zigarette, Wasserbewegungen usw.) im wahrsten Sinne des Wortes »studiert«, manchmal bis hin zu letzten Details (Seite 16↓). Das muß nicht heißen, daß beim endgültigen Werk alle Details genau hervorzutreten haben. Nein, es geht lediglich darum, wie ein Thema seiner Aufgabe nach in den Griff zu bekommen ist. Studien stellen hier auch für Umsetzungen einen entscheidenden Faktor dar.
Außerdem, wie wollte man eine Landschaft mit ihren charakteristischen Eigenschaften bildnerisch verwirklichen, hätte man zuvor nicht einzelne Gegenstände wie einen Baum, einen Gebirgszug, Wasserbewegungen usw. eingehend studiert? Auch ein

Ausgangspunkte

→Porträt, sollen bestimmte Charakterzüge zur Geltung kommen, läßt sich erst dann durchführen, wenn man sich durch vorangegangene Studien über Augen, Mund, Nase usw. im klaren ist. Darüber hinaus geben Studien oft interessante Aufschlüsse über das Sehvermögen oder die Vorstellungskraft des jeweiligen Zeichners. Seine Handschrift hingegen und teilweise sein Ideenvorgang spiegeln sich wiederum mehr in seinen Skizzen.

Sind diese Vorbereitungen von Skizzen und Studien getroffen worden, können sich im Zuge der Ausarbeitung neue Gesichtspunkte ergeben, wodurch eventuell eine vorangegangene Kompositionsskizze wieder geändert werden muß. Hat man dann eine Entscheidung getroffen, so geht man in die Gesamtgestaltung als *Vorzeichnung* über (↘). Ist diese erstellt, so wird sich ab und zu zeigen, daß wieder alles ganz anders aussieht, als man sich's vorstellte. Zweifel machen sich breit, wie dies auch bei großen Meistern durch Überzeichnungen immer wieder zu sehen ist. Doch gerade in diesem Zweifeln, in der Fähigkeit zur Selbstkritik, liegt eine heilsame Wirkung, in aufgestellten Vorstellungen nicht zu verrosten. Natürlich alles mit Maß und Ziel, denn über eines muß man sich immer im klaren sein: Nichts, was von Menschenhand geschaffen, ist Vollendung, alles ist Stückwerk.

Begnügt man sich in diesem Sinne, so kann die Vorzeichnung zur endgültigen Ausführung (Seite 15) herangezogen werden. Entspricht jedoch das Format dieser Zeichnungen nicht dem des auszuführenden Werkes, so kann man ihnen einen groben Raster überlegen (→), mit dessen Hilfe man Proportionen auf die Fläche des zu erstellenden Werkes leicht übertragen kann. Andernfalls kann aus der Vorzeichnung ein sogenannter *Karton* erstellt werden. Er besteht aus schwerem Papier und hat dieselbe Flächengröße, wie das auszuführende spätere Werk haben soll. Auf dieses end-

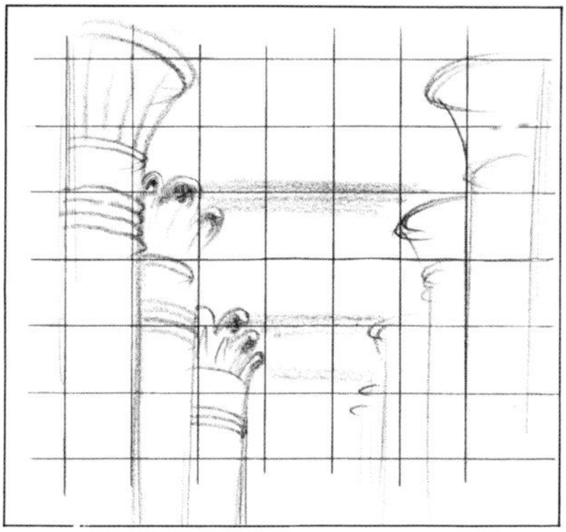

gültige Flächenausmaß wird der Karton aufgelegt. Die auf ihm befindliche Zeichnung wird nach einem speziellen Pausverfahren übertragen: Einzelne Linien der Zeichnung werden in den Karton perforiert. Mit Farbstaub, welcher durch die Löcher dieser Perforierungen hindurchfällt, werden entsprechende Markierungspunkte gesetzt. Selbstverständlich wird nicht immer so verfahren, schließlich gibt es nicht nur eine spontane Zeichnung, sondern auch eine spontane Malerei.

Schlechthin läßt sich mit allen möglichen Materialien zeichnen. Der Übersicht halber wird im folgenden jedoch nur auf übliche Techniken eingegangen.
Der Umgang mit einer bestimmten Technik verlangt nun Einübung, die so zeitaufwendig sein kann, daß man gerne bei einer bleibt. Um aber festzustellen, welche Technik einem am besten liegt, sollte man verschiedene ausprobieren. Auch wird sich bei diesem Ausprobieren zeigen, welche Technik je nach Motiv zu bevorzugen ist. Denn was mit der Feder gut gelingt, wird mit der Kohle nur schwer zu bewältigen sein; und wiederum, was man mit ihr fertig bringt, kann mit dem Pinsel nicht erreicht werden usw. Doch zu folgern, daß teure Materialien bessere Ergebnisse erhoffen lassen, ist ein Trugschluß. Denn jedes Material ist so gut wie der Umgang mit ihm.

Papiersorten

Es kann trügerisch sein, wenn man zuerst auf halbwertigem Papier zeichnen mag und nachher auf teures übergeht. Denn schnell schleicht sich dabei die Angst vor einer teuren, großen, weißen Fläche ein. Damit verbunden ist ein verkrampftes Vorgehen, das sich unweigerlich in der Zeichnung wiederspiegelt.
Es ist ratsam, stets die dem gewählten Zeichengerät entsprechende und möglichst lichtbeständige Papiersorte zu verwenden. Durch Anfühlen läßt sich leicht feststellen, ob es den gewünschten Anforderungen entspricht. Das Papiergewicht ist nicht immer so entscheidend. Wichtiger ist, daß Bleistift, Ölkreide usw. haften können oder daß Pinselstriche wie überhaupt flüssige Ausarbeitungen keine Auskriecherscheinungen entstehen lassen. Beim →Lavieren können durch intensives Befeuchten des Papiers Verwölbungserscheinungen auftreten, so daß ein Aquarellpapier notwendig wird. Wird das Papier nicht ganz befeuchtet, können die trockenen Zwischenräume eine Verwölbung verhindern, so daß hierfür ein mittelschweres Papier ausreicht. Ganz anders wiederum ist es bei Experimenten, bei denen Verwölbungs- oder Auskriecherscheinungen entstehen oder angesetzte Striche nicht recht haften sollen. Hierfür ist ein geringerwertiges Papier ausreichend. Weiterhin kann eine bestimmte Struktur der Papieroberfläche zur Gestaltung herangezogen werden, wodurch leichte Flimmerwirkungen entstehen (↓), die einerseits sehr

reizvoll sind, andererseits aber zu Überstrukturierungen abgleiten können (Seite 21↑). Außerdem ist der Festigkeitsgrad eines Papiers wichtig, damit scharfkantige Zeichengeräte es nicht beschädigen – vor allem bei gegenläufigen Strichbewegungen.

Die Färbung des Papiers ist für den Ausdruck der gesamten Gestaltung entscheidend: Für intensive Kontraste ist ein strahlend weißes günstig, für die Geschlossenheit einer Aussage ein sehr schwach gedämpftes, wie in üblicher Tönung.
In jedem Falle ist es von Vorteil, selbst einige Papiersorten zu überprüfen, was übrigens ebenso zur Kreativität gehört.

Trockene Ausarbeitungen

Ob Kohle-, Kreide- oder Graphitstifte verwendet werden, die Vierkantform ist in jeder Hinsicht die geeignetste, weil mit der Kante besondere Strukturen herausgearbeitet werden können (↘). Das Anspitzen wäre ziemlich unlogisch, schließlich kommt es darauf an, was mit der speziellen Form von Zeichenstiften anzufangen ist. In der Praxis sieht es immer wieder so aus, daß die Kohle- oder Kreidestifte bei Abnutzungserscheinungen abgebrochen werden, um mit der kantigen Bruchstelle schärfere Striche ziehen zu können. Auch bei sehr weichen Bleistiftminen, die einen großen Durchmesser haben, wird nicht anders verfahren. Zudem gibt es auch noch Bleistifte, die mit bis zu 0,3 mm Querschnitt als Pentelpen nicht mehr angespitzt werden müssen.

Bleistifte

Sie sind längst nicht mehr aus Blei, sondern aus Graphit und hochplastischem Ton. In der Ummantelung eines TK-Druckstiftes sind sie gut zu gebrauchen, denn der Griff, in dem die Mine vorgeschoben wird, bleibt von gleicher Länge. Um Unterschiede hinsichtlich der →Tonwerte und →Strukturen zu schaffen, sind verschiedene Härtegrade günstig. So wurden bei dem Globus (Seite 22) wegen der Strukturunterschiede mit einem 2B-Pentelpen die Metallteile hervorgehoben, mit einem HB-TK-Stift die mit Papier umspannte Kugel. Dem Vorteil des einfachen Gebrauchs der Bleistifte bzw. der vierkantigen Graphitstifte steht aber der anthrazitfarbige Strich für Vervielfältigungen nachteilig gegenüber.

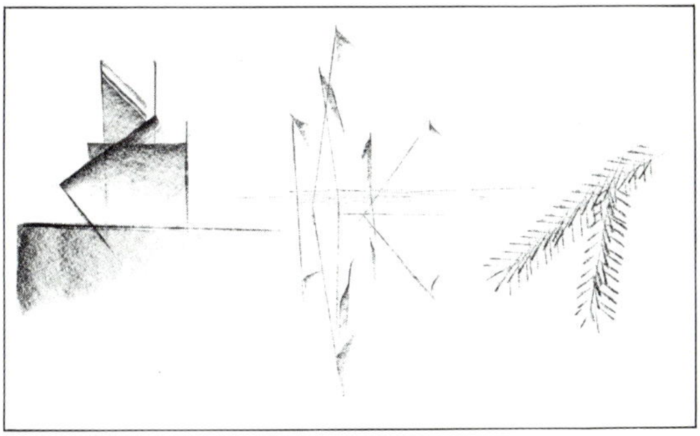

Bleistifte verschiedener Härtegrade

Trockene Ausarbeitung

Natürliche Kohlestifte

Sie bestehen aus verkohltem Linden- oder Birkenholz und werden nicht grundlos vor allen anderen Zeichenstiften bevorzugt. Der Kohlestift ist entscheidend für Einübungen des Anfängers und bleibt für den erfahrenen Zeichner stets ein hilfreiches Ausdrucksmittel. Sein Strich ist spröde und haftet daher schlecht auf dem Papier; deshalb müssen Kohlezeichnungen unbedingt fixiert werden. Diese Eigenschaften mögen zwar für den Unerfahrenen unliebsame Nebenerscheinungen sein. Aber gerade weil dieser grobe Strich indifferent ist und mehr zu einer Auflösung der →Strichführungen führt, liegt in ihm die besondere Kraft des Ausdrucks (↗). Wird der Stift jedoch ungeachtet dieser Kraft von einer ungeübten Hand geführt, wirkt er teigig und plump. Der Grund hierfür liegt meistens darin, daß der Ungeübte in seinem Wollen zwischen Genauigkeit und Ausdruck hadert. Aber gerade deshalb ist der Kohlestift ein »heilbringendes« Material: Er löst und bezwingt jegli-

△ Kohle ▽ Pastellstifte

che Hemmungen für eine freie, ausdrucksvolle Strichgebung und fördert nicht weniger die Erkenntnis, daß Zeichnen auch ein Handwerk ist. Denn die Handhabung mit ihm hinterläßt schmutzige Finger und ein schlechter Umgang eine verschmierte Zeichnung.
Der Vorteil ist in mehrfacher Hinsicht gegeben: Durch den schlecht haftenden Strich können mittels Knetgummi gestalterische Überlegungen bei →Skizzen einfacher erzielt werden, nicht zuletzt auch besondere Gestaltungen (Seite 11↑). Ebenfalls für skizzenhaftes Anlegen bei der Malerei ist Kohle neben der Tafelkreide durch das leichte Wegwischen sehr geeignet.

Kreiden

Je nach Herstellung sind sie von verschiedener Beschaffenheit, wobei eines besonders beachtet werden muß: Gebrannte Kreiden ergeben einen härteren Strich, ungebrannte einen weicheren. Beide haften gegenüber Kohle sehr gut. Allerdings jene erwähnte Gestaltungsmöglichkeit, mit dem Knetgummi Striche entfernen zu können, ist nicht mehr möglich.

Schwarzkreide

Aus hohem Rußanteil und Holzkohlepartikelchen mit Bindemittel wird sie in einem speziellen Verfahren gepreßt; ähnlich auch die von Faber-Castell hergestellte PITT-Zeichenkreide. Der Strich ist weitaus härter und von der Farbgebung dunkler als jener des Kohlestiftes (→).

Feder

Rötel

Der aus natürlichem Farbstoff und Eisenoxid bestehende Zeichenstift wird schon seit alters her - vor allem wegen seines angenehmen Farbtons - gern verwendet (Seite 18/19 und 78). Allerdings ist er durch seine rötliche Färbung für starke Kontrastgebungen weniger geeignet.

Pastellstifte

Zur Herstellung werden Naturfarben, synthetische Farbstoffe, Kreiden und Gips verwendet. Sie sind ungebrannt und lassen sich leicht verreiben, wodurch malerische Wirkungen erzielt werden können (Seite 23↓). Dabei geht jedoch der dynamische Strich einer Zeichnung verloren. Nachteilig ist vor allem, daß die erstellten Zeichnungen ihre spezielle Wirkung durch Fixieren verlieren können.

Flüssige Ausarbeitungen

Die hierzu notwendigen Mittel müssen nicht unbedingt exotisch sein, denn die chinesische Tinte ist leicht zu ersetzen durch die üblichen hierzulande. Auch Tuschen sind verwendbar und nicht weniger Eiweißlasurfarben oder teils auch Aerbrush-Farben.
Flüssige Ausarbeitungen erfordern immer wieder einen gezielten Strich, so daß sie für Ungeübte weniger geeignet sind. Denn das vorhergehende Einfühlen bei Ausarbeitungen durch leichtes Anlegen, etwa mit Bleistiftstrichen, ist hierbei weniger möglich. Hinzu kommt der hart konturierte Strich, der den Ungeübten dahin tendieren läßt, aus lauter Streben nach Genauigkeit den dynamischen Strich außer acht zu lassen.

Feder

Unter den vielen Arten sind für ausdrucksbetonte Striche übliche Schreibfedern, etwa die so benannte Stenofeder, sehr dienlich, da sie leicht über das Papier geführt werden und die Strichbreiten durch unterschiedliches Andrücken verändert werden können. Eine lebhafte Aussage ist somit eher zu erreichen als mit Trichterfedern, die wegen ihrer gleichbleibenden Striche mehr für technische Zeichnungen geeignet sind. Der Vorteil liegt hauptsächlich darin, daß durch dünne Striche filigrane und flirrende Wirkungen erzeugt werden können (Seite 25↑).

Kugelschreiber

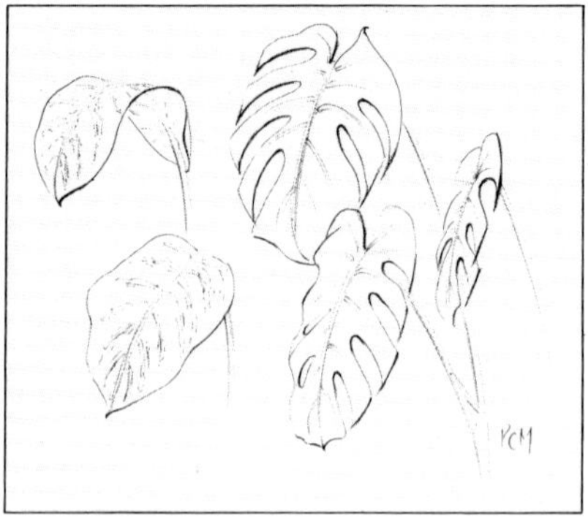

Kugelschreiber

Dieses am häufigsten verwendete Schreibgerät ist durch seine leichtere Handhabung gegenüber der Feder sehr nützlich. Kugelschreiber haftet auch auf geleimtem Papier, doch nicht auf Transparentpapier. Gegenüber der Feder, mit der die Strichbreite verändert werden kann, ist es mit ihm möglich, die Striche heller oder dunkler – je nach Andrücken – zu vollziehen (↑). Dazu ist von Vorteil, daß sein Kugelkopf bei gegenläufigen Bewegungen auf dem Papier nicht so leicht hängen bleibt, wie dies bei manchen Federn der Fall sein kann.

Pinsel

Durch überaus reichhaltige Strichbreitenveränderungen wird eine Aussagekraft erreicht, die dieses Material so eigentümlich macht. Zudem läßt sich mit der Spitze und auch mit der Seite des Bartes ein Anreißen ermöglichen, das je nach Rauhigkeitsgrad des Papiers zur Geltung kommt; d.h., der Pinsel wird durch leichten Druck über das Papier gezogen, wobei nur an einzelnen Stellen das flüssige Zeichenmittel hängen bleibt (↓). Das besagt zugleich, daß nicht unbedingt nach der chinesischen Methode vorgegangen werden muß, den Pinsel stets senkrecht zu halten. Außerdem bedarf es vor allem eines Pinsels, bei dem auch nach öfterem Gebrauch garantiert ist, daß sich der Bart immer zu einer Spitze formt. Mit einem qualitativen Marderhaar-, teilweise auch mit einem Kunstfaserpinsel läßt sich dieser Zweck erfüllen. Ihrer Bartfülle nach werden Pinsel nach Nummern eingeteilt und fallen manchmal – je nach Herstellerfirma – verschiedenartig aus. Ein Rundpinsel Nr. 8 reicht im allgemeinen aus (↗). Andernfalls kann auch mit Borstenpinseln ausdrucksvoll verfahren werden.
In allem ist der Pinsel ein Zeichengerät, das ein hohes Maß an Könner-

Pinsel

schaft voraussetzt, denn hier muß von vornherein sitzen, was zu sitzen hat. Zudem bedarf es auch durch die rasch eintretenden Strichbreitenveränderungen eines besonderen Feingefühls.

Filzstifte

In allen möglichen Farben und zu vielfältigem Gebrauch für unterschiedliche Papiere und Folien hergestellt, bieten sie ein breites Spek-

Filzstifte

△ Filzstifte ▽ Kohle und Schwarzkreide

nicht sinnvoll, der einfachen Handhabung wegen diese Stifte zum Erlernen des Zeichnens zu wählen, denn ihr Strich ist steif und unnachgiebig.

Mischtechniken

Von der Ausführung her gibt es immer wieder Meinungsverschiedenheiten darüber, inwieweit der eine oder andere technische Vorgang verpönt ist oder nicht. Doch letztlich ist immer entscheidend, ob eine Aussage ihrer Wirkung nach so optimal wie möglich getroffen ist. Das kann von Lavieren bis hin zum Beschädigen des Papiers reichen wie im vorliegenden Fall (←). Nach Beendigung dieser Zeichnung wurde mit Hilfe einer Messerspitze das Papier aufgerauht, damit Lichtwirkungen an den Gräsern hervortreten. Gewiß kann durch Mischtechniken das Eigentümliche einer Zeichnung mehr oder weniger verloren gehen, was aber wiederum einem bestimmten Ausdruck zugute kommen kann. Auch die vorher erwähnten Zeichenstifte für trockene Ausarbeitungen sind mit allen möglichen Flüssigkeiten verwendbar: Kohlezeichnungen kann man mit Wasser, eine bestimmte Ölkreidezeichnung mit Terpentin

trum der Gestaltung. So gibt es bei Folienschreibern einen Löschstift, mit dem man ähnlich vorgehen kann wie bei Kohlezeichnungen mit Knetgummi. Die Striche auf der Folie sind wieder entfernbar. Aber auch malerische Wirkungen können somit erzeugt werden (Seite 27↓). Anders bei Filzstiften für unterschiedliche Papiersorten. So wurden die räumlichen Wirkungen (↑) mit drei verschiedenen Grautönen hergestellt. Doch es wäre

Lavierte Federzeichnung

lavieren usw. Allerdings ist je nach Art und Weise einer Mischtechnik nicht von vornherein eine Konservierung mit den üblichen Fixiermitteln gewährleistet.

Lavieren

Durch diese Methode des Verwaschens gesetzter Linien mittels eines Pinsels oder Lappens – vor allem bei Federzeichnungen – können Aussagen erreicht werden, denen bestimmte Strichsetzungen allein nie gewachsen sind (↑). Andererseits soll aber nicht beliebig in dieser Weise vorgegangen werden. Die Grenzen sinnvollen Lavierens sind dort gegeben, wo es in belanglose, fauvistische oder gar tachistische Tendenzen abzugleiten droht. Denn mit jener bloßen Freude daran, Feder- oder Kreidestriche nur ausfließen zu lassen, kann es nie darum getan sein.

Weißerhöhung

Eine Zeichnung, auf einem getönten Papier gesetzt und nachher mit Tafelkreide ausgearbeitet, ergibt einen besonderen Reiz. Denn die aufgesetzten Lichter erweitern den Ausdruck durch eine Steigerung der Bandbreite von Tonwerten (Seite 31). Jedoch muß hierbei die Zeichnung, im vorliegenden Fall durch Kohle und Kreide eingeleitet, vorerst fixiert werden, sonst treten Verquälungen ein, weil der angesetzte weiße Kreidestrich sich mit den Partikelchen der vorher eingeleiteten Zeichnung vermengen würde. Weißerhöhungen können auch mit Pigmentfarben aus der Tube durchgeführt werden. Damit ist jedoch eine Geschlossenheit der verwendeten Materialien nicht immer gewährleistet.

Radieren

Gewiß ist jede Zeichnung, an der herumradiert wird, Flickwerk und bleibt zu Recht verpönt. Doch wer möchte den Zeichner belächeln, der beispielsweise vor einer Skulptur steht, um sie wechselweise mit Zeichenstift und Radiergummi zu erfassen? Oder soll er bei jedem falsch gesetzten Strich gleich das Blatt wechseln und von neuem anfangen? Denn der Weg führt über den Irrtum. Es wäre schier unmöglich, daß der Zeichner durch so ein Verhalten zu einer ausdrucksvollen Zeichnung gelangt, denn die vorangegangenen Striche nochmals gleichwertig zu wiederholen – es würde ihm nie gelingen. Erst durch fortwährendes Zeichnen in der Zeichnung wird er auf den Kern dessen stoßen, was zu erzeichnen ist. Im Vergleich dazu: Es kann niemand sofort mit Rollschuhen losfahren, wäre er zuvor damit nicht vertraut gewesen.
Was das Material betrifft, so ist ein guter Knetgummi (Faber-Castell) hervorragend zu gebrauchen; nicht nur für Kohle-, sondern auch für Bleistiftzeichnungen. Er nimmt jeglichen Schmutz, ohne Spuren von Krümeln zu hinterlassen, in sich voll auf. Außerdem ist er zusätzlich als gestalterisches Mittel bei Kohlezeichnungen verwendbar (Seite 11↑). Für hartnäkkige Fälle gibt es jedoch spezielle Schreibmaschinengummis oder Glasfaserradierer, die vornehmlich bei technischen Zeichnungen auf Transparentpapier verwendet werden.

Fixieren

Nach Beendigung einer Zeichnung sollte diese – unabhängig von der Technik – stets fixiert werden. Der akuten Umweltverschmutzung entgegenwirkend, können jene Geräte verwendet werden, mit denen man seit alters her durch Anblasen eines Röhrchens – dies mit einem Fixiermittel verbunden – die fertige Zeichnung bestäuben kann. Sollten trotzdem Sprays verwendet werden, so ist damit gefühlvoll umzugehen, da sonst ungewünschte Ränder auf der Zeichnung zu befürchten sind. Aus diesem Grund soll die Spraydose nicht in einem fort betätigt werden, sondern nach und nach in ausreichendem Abstand zur Zeichnung.

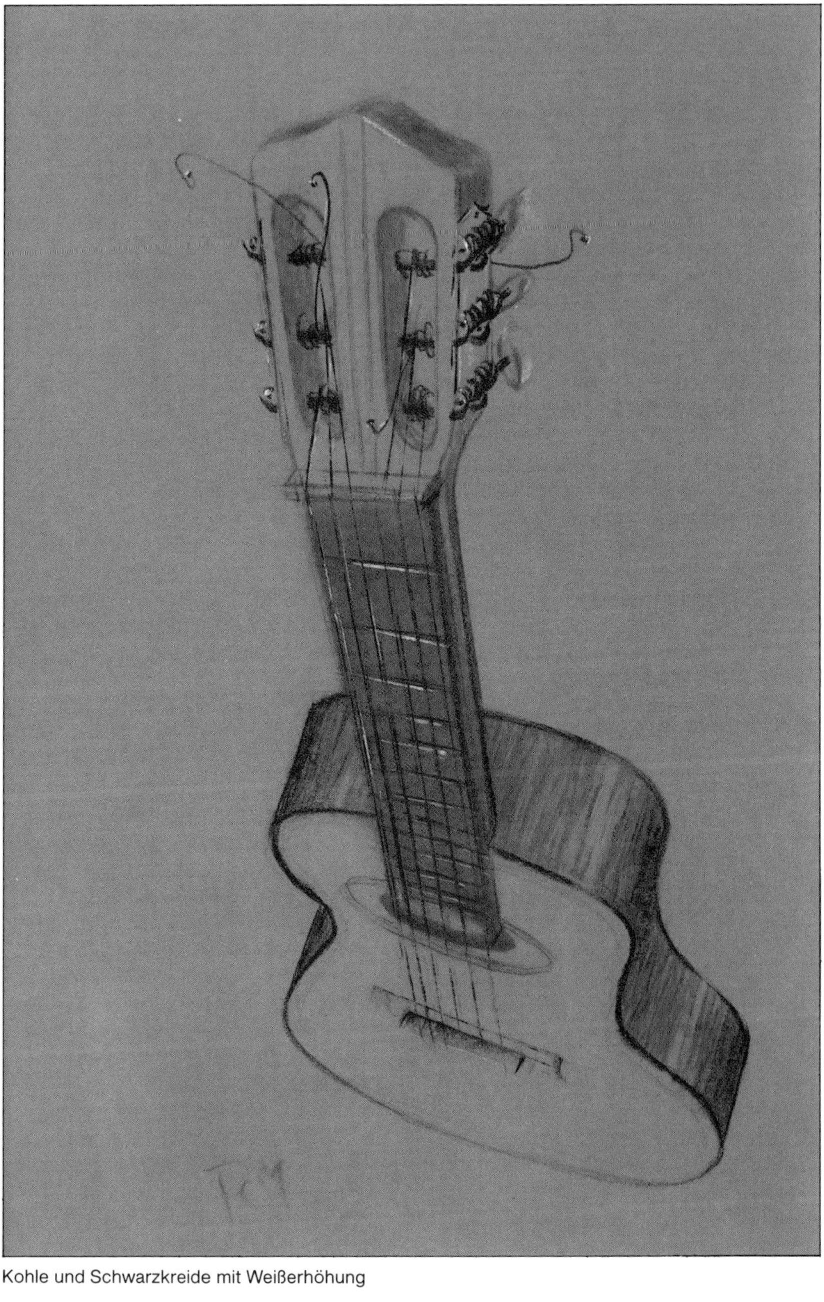

Kohle und Schwarzkreide mit Weißerhöhung

Grundsätzliche Vorgehensweise

Womit man sich auch auseinandersetzen will, die entsprechende Einstellung dazu spielt eine wesentliche Rolle. So ist gerade bei der ausdrucksbetonten Zeichnung wie überhaupt beim gestalterischen Vorgehen die beseelte Hinwendung zu einem Gegenstand vordergründig. Wollte man hingegen nur deterministisch intellektuell vorgehen - das Gestaltete wäre bloßes Spiegelbild von leblos wirkenden Gedankenkonstruktionen. Selbst bei positiver Ausführung erschiene alles leer und aussagelos. Jedoch mit kontemplativer Hingebung wird das Wesentliche eines Zusammenhanges erfahren. Denn erst durch die Liebe erfahre ich, was der Verstand nicht begreifen kann. So ist tatsächlich immer eines entscheidend, nämlich - wie eingangs auf Seite 2 erwähnt - ». . . Was aus der Seele fließt«. Davon hängt es auch ab, ob etwas gelingt oder nicht; macht doch jeder Zeichner hierin seine praktischen Erfahrungen. Und daß nicht der Gegenstand allein, sondern hauptsächlich das Einfühlen in diesen entscheidend ist, beweist schon die Tatsache, daß man Kindern mit schlechtem Schriftbild große Kreise und Geraden ziehen läßt, um eben die Schriftformen besser bewältigen zu können. Ähnlich verhält es sich bei jenen, die ihre Unterschrift besonders schwungvoll darlegen wollen, indem sie zuerst mit imaginären Strichen auf dem Papier kreisen und dann erst zur Unterschrift ansetzen. Das mag zwar einfältig anmuten, doch ist diese Methode nicht weit davon entfernt, zu ausdrucksvollen Zeichnungen zu gelangen. Überhaupt sollte man sich über grundsätzliche Forderungen des Vorgehens zuerst einmal im klaren sein, bevor man zu zeichnen beginnt:

- ▷ Großzügig vorgehen! Das Zeichenpapier sollte in der Größenordnung DIN A 3 liegen. Bei zu kleinen Formaten wäre der natürliche Bewegungsablauf behindert.
- ▷ Den Blick stets senkrecht zur Zeichenfläche halten - sitzend oder stehend! Schon geringste Blickwinkelveränderungen - man mag es nicht für möglich halten - können bewirken, daß alles etwas verschoben aussieht.
- ▷ Mit dem Kopf nicht zu nahe ans Papier gehen! Der Überblick für die Gesamtform geht sonst verloren, und somit entsteht Zusammenhangslosigkeit oder eine gezeichnete Form erscheint dadurch schief. Dies kann auch eintreten, wenn an den Gegenstand selbst zu nahe herangegangen wird. Man beachte das Gesichtsfeld: Der Blickwinkel ist klein zu halten.
- ▷ Die Angst davor, große, weiße Flächen zu »besudeln«, überwinden! Nicht mit aller Gewalt das Gelingen einer Zeichnung heraufbeschwören, denn so etwas hätte nur ein verkrampftes Ergebnis zur Folge, da sich die Gemütsverfassung unweigerlich in der Zeichnung widerspiegelt. Da aber diese Gemütsverfassung weder völlig erkennbar noch gänzlich steuerbar ist, ist es günstig, eine Ausführung schon ein paar Tage, bevor man ans Werk gehen will, in sich gären zu lassen.
- ▷ Nicht aus dem Handgelenk und mit Fingerbewegungen wie beim Schreiben den Zeichenstift führen, sondern mit entkrampfter ganzer

Grundsätzliche Vorgehensweise

Armbewegung! Zusätzlich können Handballen (↑) oder Finger (↓) als Führung dienen.

- ▷ Mit dem Zeichenstift gefühlvoll umgehen! Er ist kein Prügel, den man mit aller Gewalt fest aufdrücken muß.
- ▷ Bedächtig und lebhaft vorgehen! Mit zu fahrigem Ausziehen ist es ebensowenig getan wie mit langatmigem Vorgehen.
- ▷ Sich nicht als produzierende Maschine sehen! Besser sind zwei gute Zeichnungen in einem Monat als zwanzig schlechte in einer Woche.
- ▷ Nicht bereits gefertigte Zeichnungen oder Gemälde nachzeichnen! Die Entwicklung des persönlichen Stils wird dadurch nur verhindert und gefährdet. Auch Photographien sollten lediglich zur Inspiration dienen. Sie können nie ersetzen, was in natura vor einem liegt.
- ▷ Stets mit etwas zugezwinkerten Augen von der ganzen Form des Gegenstandes ausgehen! Sie muß während des Zeichenvorgangs immer gegenwärtig sein, da sonst unzusammenhängende Verschiebungen auftreten können.
- ▷ Geduld, Ausdauer und auch Schweiß aufbringen! Allein aus Freude am Spaß kann keine kraftvolle Aussage entstehen.
- ▷ Sehr zu empfehlen: unterwegs einen Notizblock mit sich führen! Das unmittelbare Erlebnis, in einer Skizze festgehalten, wirkt eindringlicher, als wenn aus der Erinnerung heraus gearbeitet wird.

Zur Überprüfung von Zeichnungen – ob darin einiges ungünstig in Erscheinung tritt – empfiehlt es sich, die Zeichnung auf den Kopf zu stellen oder mittels Spiegel seitenverkehrt zu betrachten. Um Kontrasterscheinungen bezüglich der →Tonwerte zu überprüfen, ist es am besten, mit der Zeichnung in sehr schattige Stellen der Landschaft zu gehen oder in einen sehr schwach beleuchteten Raum, da unter starkem Licht Kontrastunterschiede schwer erkennbar sind.
Zur Gesamtüberprüfung kann man mit der Hand ein kleines Loch formen, durch das man mit einem leicht zugezwinkertem Auge sieht (vgl. Praxis des Malens).
Diese Überprüfungen sollten stets vorgenommen werden.

Gestaltungskriterien

Neben einer beseelten Hinwendung bedarf es sorgfältiger Beobachtungen, um die spezifischen Merkmale, von denen ein Gegenstand durchwirkt ist, herauszufinden. Dabei geht es immer wieder um gestalterische Erwägungen, wie das Charakteristische eines Themas zum Ausdruck kommt.

Strichführungen

Eine Ellipse, wollte sie der Ungeübte so genau wie möglich gestalten, würde ziemlich zittrig wirken (a). Denn die vorhin erwähnte Forderung, stets die ganze Form im Auge zu halten, heißt nicht, nur auf den entstehenden Strich zu achten, sondern der gesamte Zusammenhang muß erfühlt werden. Das geschieht mit Hilfe des Anreißens, wobei mit links- und rechtsläufigen Bewegungen eine lebhafte Wirkung erzeugt wird (b). Dieses Anreißen darf jedoch nicht mit ungezügelten Strichen verwechselt werden (c).
Andrerseits: Wenn die Ellipse mit zu vielen Strichen erfühlt wird, erscheint sie ohne Wirkung und lahm. Man spricht hierbei (d) vom *Totzeichnen.* Weiterhin muß man sich auch der Form eines Gegenstandes bewußt sein, daß nämlich die Ellipse mit einem Oval nichts zu tun hat (e). Und will man sie mit einem einzigen schwungvollen Strich erfassen, erscheint sie wie ein Laib Brot (f), obwohl darin ein realer Bezug steckt. Denn bei extremen Verhältnissen ergibt eine →perspektivische Konstruktion tatsächlich ein dem Brotlaib ähnelndes Aussehen (g).

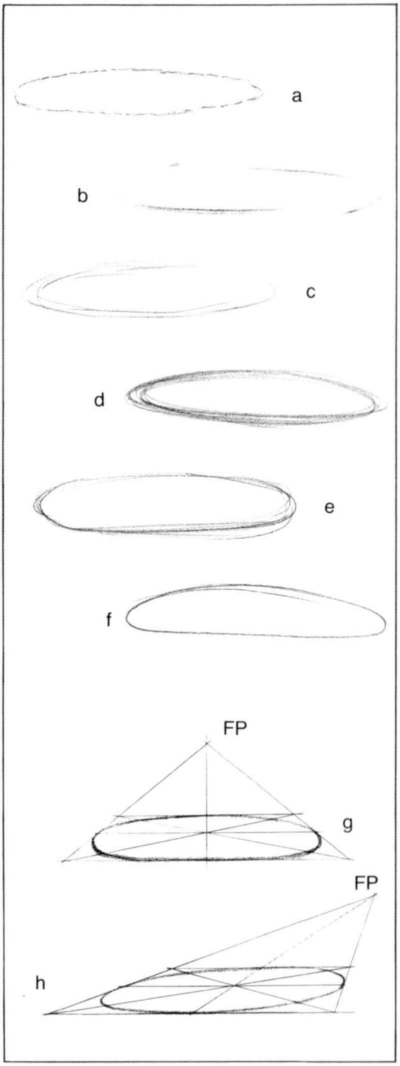

Doch aus üblicher Sicht heraus ergeben sich weniger Verzerrungen (h), wenn auch die Ellipsenachsen dabei etwas schräg liegen. Sie so zu erfas-

sen, ist der Anschauung halber am günstigsten.
Beim Einschreiben einer Ellipse in eine Rechteckform werden zuerst die tangierenden Linien an den Berüh-

rungspunkten gezeichnet (↑), worauf eine weitere Ausführung folgen kann (↓).
Auf Seite 36 sind negative und positive Beispiele gegenübergestellt. In

beiden Fällen handelt es sich um Freihandzeichnungen. Die linke Gerade – durch einmaliges Ausziehen entstanden – wirkt gegenüber der angerissenen rechten geradezu steril. Angerissen kommt eine harte und lebhafte Linie hervor. Soll darüber hinaus eine Gerade zwischen zwei Punkten gezogen werden, ist es günstig, sie sich länger vorzustellen, da sonst am Ende des Striches leichte Schlenker entstehen können, wie bei den abgebildeten Vierecken zu sehen ist. Bei den Zylindern fällt auf, daß der linke nicht so zum Anfassen anmutet wie der rechte. Das rührt daher, daß beim linken eine isometrische Darstellung zugrunde liegt, die bei unakzentuierten Strichführungen den Zylinder sowohl von oben als auch von unten gesehen erscheinen läßt. Beim rechten dagegen ist es völlig eindeutig, daß er nur von oben her gesehen werden kann, und zwar wegen seiner verschieden verkürzten Ellipsen; siehe auch Seite 43↘.
Außerdem wird durch die leichte Schräglage der Ellipsen das räumliche Moment unterstützt. Hinzu kommt der markante Unterschied, daß dem linken Zylinder durch die Strichzeichnung zwar etwas Konkretes anhaftet, aber im Ausdruck nie so bewegt sein kann, wie dies ein indifferentes Spiel angerissener Striche bewirkt. Ähnlich verhält es sich bei der formalen Gestaltung – linke Abbildung – des Saturns, wobei er durch die steife Strichführung wie ein fragmentarisches Symbol aussieht. Durch die erfühlten Striche der rechten Abbildung stechen seine Eigenbewegungen hervor. Aber nicht nur der angerissene Strich kann ausdrucksbetont sein, sondern auch der gezielt lebhafte, der mehr durch Verdichtung und Streuung wirkt, als dies je durch genaue Striche mit ihren statischen Wirkungen möglich ist.
Bei der Gegenüberstellung des links abgebildeten Pferdes zu denen von Anthonis van Dyck gestalteten wird der Unterschied zwischen stümperhaftem Vorgehen und einer meisterlichen Hand besonders deutlich. Das linke Pferd wirkt abgezeichnet, die rechten hingegen sind erzeichnet.

Strukturen

Sie können je nach Thema ziemlich bedeutungsvoll werden, wenn es um die Oberflächenbeschaffenheit von Gegenständen geht oder um deren Räumlichkeit.
Glänzende Oberflächen etwa, wie Porzellan, Metall oder Glas, können durch weiche sowie harte Strichgebungen und durch maximal zwei Ton-

Gestaltungskriterien

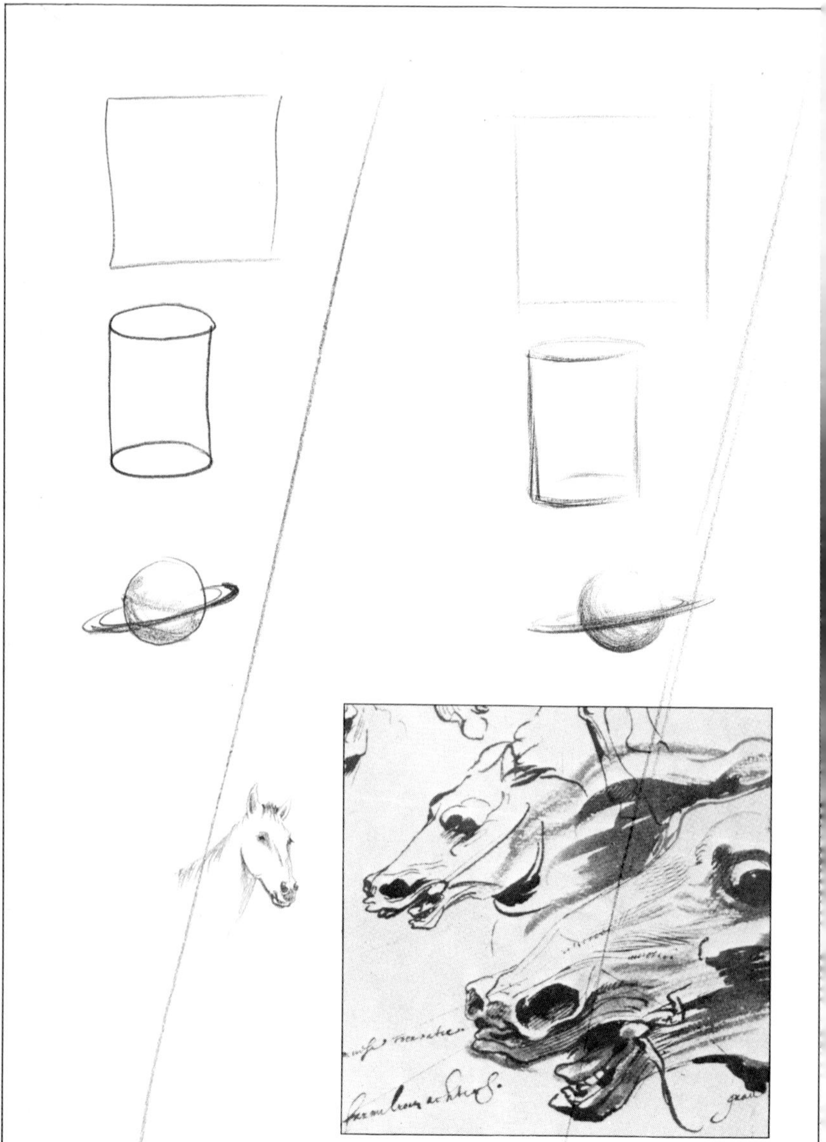

wertabstufungen hervorgebracht werden, die man hart konturiert voneinander abgrenzen läßt (↓). Verfährt

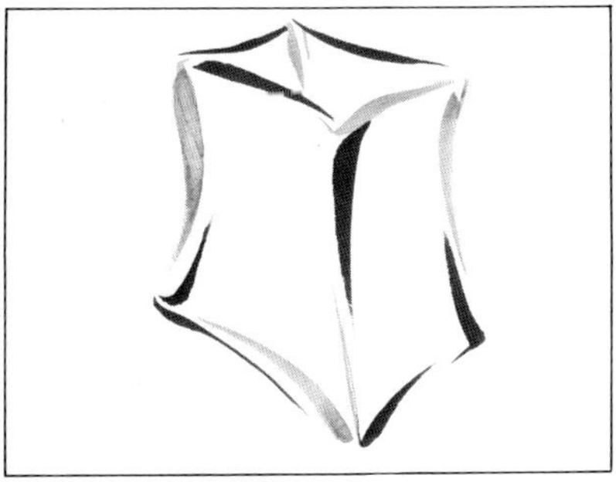

man jedoch mit stufenlosen Abgrenzungen einzelner →Tonwerte zueinander, so ist der Charakter eines glänzenden Materials nicht mehr gegeben (↓). Anders wieder bei Gegen-

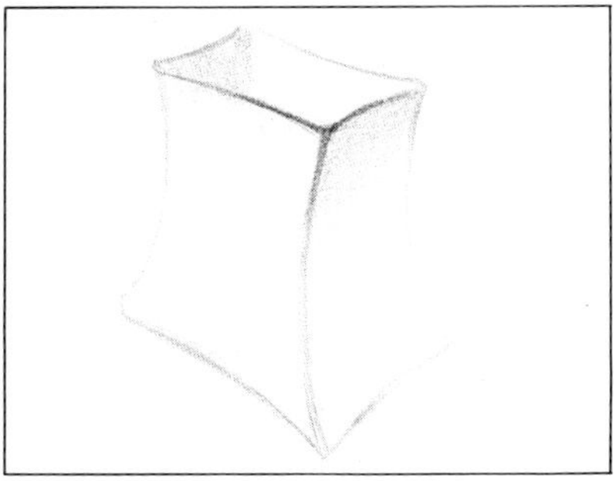

ständen mit rauhen Oberflächen, die beispielsweise durch das Abrollen eines Kreidestiftes (↓) oder durch ein

Kreide

rauhes Papier hervorgebracht werden können (Seite 20↓). Jedoch ist darauf zu achten, daß keine Überstrukturierungen entstehen (Seite 21↑). Weiche Oberflächen hingegen können durch glatte Papiersorten und eben durch weiche Striche herausgestellt werden. Weitere Möglichkeiten ergeben sich durch *Frottagen,* indem unter die Papierfläche ein strukturiertes Material gelegt wird; durch Andrücken eines Zeichenstiftes auf der Papieroberfläche wird jenes unterlegte, strukturierte Material abgebildet. Da aber hierbei der Zeichenvorgang nicht unmittelbar geschieht, werden diese Verfahren mehr oder weniger verpönt.
Mit Hilfe von Strukturen die Räumlichkeit hervorzuheben, kann zweifach möglich sein: einmal durch das zeichnerische Nachvollziehen einer bereits vorhandenen Struktur auf dem Gegenstand (↓), da diese sich

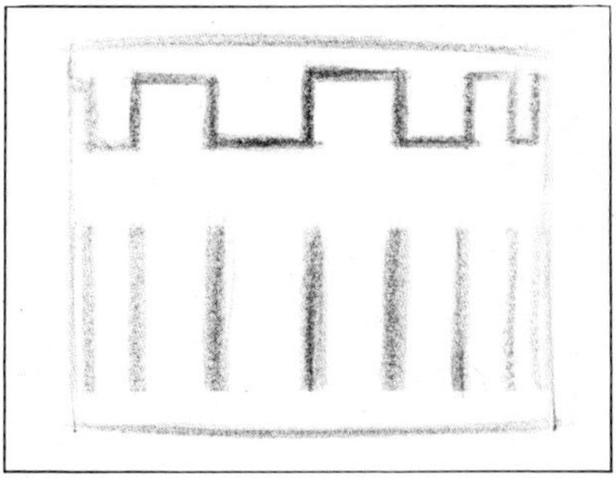

den räumlichen Verhältnissen entsprechend so verändert, daß der Gegenstand allein schon dadurch räumlich wirkt; zum andern durch Strukturgebungen, die für sich selbst wirken (Seite 38↖) und so eine Räumlichkeit hervortreten lassen.

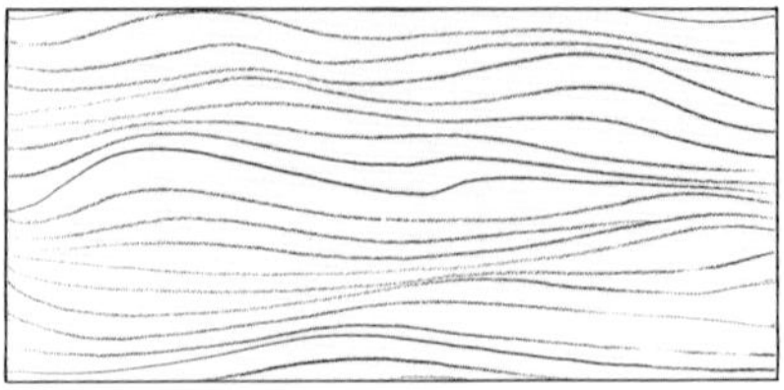

Schraffuren

Sie dienen beim flüchtigen Skizzieren nicht nur dem Andeuten von Schatten, sondern in ihrem Eigenwert können sie auch von besonderem Reiz sein. Allerdings zu vermuten, daß sie räumliche Verhältnisse in Erscheinung bringen können, trifft nur bedingt zu; dann nämlich, wenn parallele Geraden sich kreuzweise verdichten (↓). Sind sie aber nur in einer

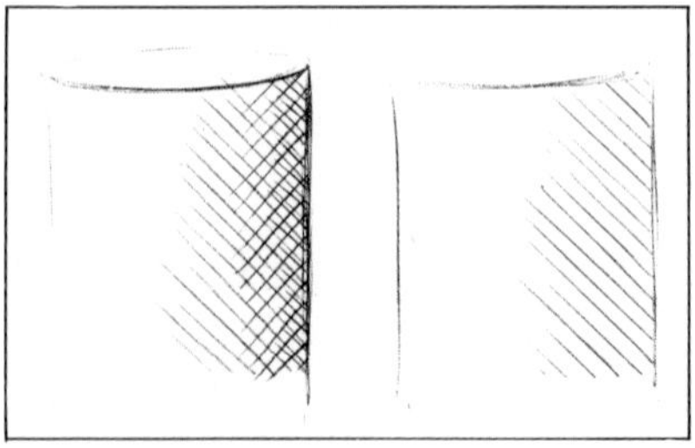

Richtung parallel gesetzt, wird alles andere bewirkt als eine Räumlichkeit, denn hiermit wird die Rundung zur Fläche (↗). Andererseits können bei mehreren Gegenständen (↓) gleich-

gerichtete Schraffuren eher zu einer Gesamtwirkung, also zu einer Geschlossenheit einer Gestaltung beitragen, als solche, die das Räumliche hervorheben (↓). Werden jedoch ab-

sichtlich räumliche Verhältnisse deformiert (↓), können derartige Experimente nicht uninteressant sein. Hierin liegt ein besserer Ansatzpunkt zum Abstrahieren oder, weiter geführt, zum abstrakten Gestalten, als wenn man blindlings mit aller Gewalt etwas Neues schaffen will, das ohne Sinn und ohne Inhalt sich offeriert, wie dies nicht selten für die Kunst des 20. Jhdts. zutrifft.

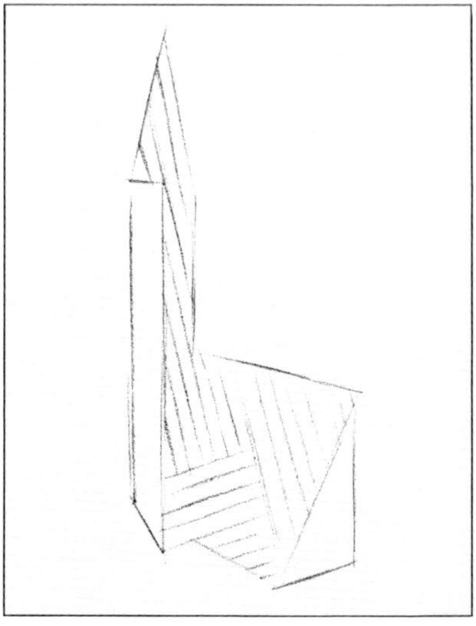

Tonwerte

In der Gegenüberstellung von hellen und dunklen Flächen oder von tiefschwarzen und helleren Strichen sowie von Verdichtungen und Streuungen werden Tonwertunterschiede wirksam, mit denen vor allem eine Dynamik ausgelöst wird, die für die Aussagekraft einer Zeichnung sehr entscheidend ist. Denn ohne diese wirkt selbst das Effektvollste belanglos. Außerdem können durch Tonwertveränderungen auch räumliche Verhältnisse zur Geltung kommen. So wird einmal die Ellipse von oben gesehen und einmal von unten (↑).

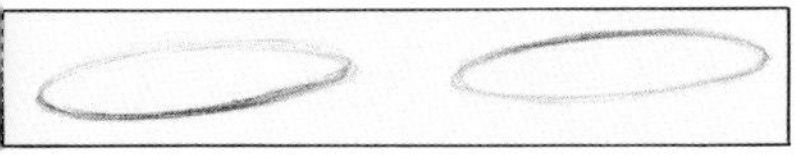

Der Grund hierfür liegt darin, daß die dunkel gezeichneten Stellen vordergründig wirken und die helleren in den Hintergrund treten. Dieselben Verhältnisse treten auf, will man etwa einen Tetraeder räumlich bestimmen. Ohne unterschiedliche Tonwerte ist die Räumlichkeit nicht eindeutig (↙). Mit Tonwertveränderungen jedoch wird ersichtlich, wie eine seiner Flächen in den Vordergrund rückt oder eine seiner Spitzen (↓). Auch bei dem Schiff auf Seite 40 kommt die räumliche Wirkung so zur Geltung. Denn mit gleichbleibenden Strichbreiten von gleicher Tönung käme die Räumlichkeit nie so zum Tragen.

Geht es weniger um die Räumlichkeit, sondern überhaupt um einen kraftvollen Ausdruck, wird ebenso ein Tonwertgefälle durch Verdichtungen und Streuungen erzeugt, die in ihrem schwingenden Kräftespiel ganz und gar überzeugen (Seite 12↙ und 36↘).

Oft kommt es vor, daß in natura die Gegenstände nicht stark divergierende Helligkeitsunterschiede aufweisen. In so einem Falle kann man das, was dunkel ist, noch dunkler erscheinen lassen und jenes, was hell ist, entsprechend heller. Ebenso kann man vorgehen, will man sich von der Inspiration eines Fotos leiten lassen. Andererseits darf man die Bandbreite von Tonwerten nicht mißverstehen, indem man die Zwischentöne beläßt, um tiefschwarze Stellen gegenüber kaum sichtbare zu stellen. Denn dann würde das Formgefüge auseinanderfallen.

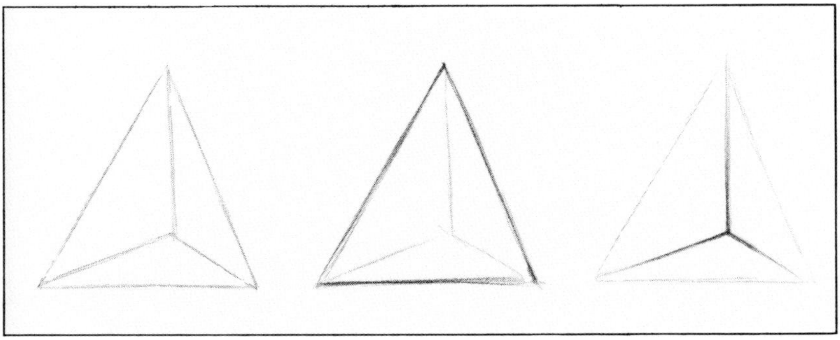

Gestaltungskriterien

Bleistifte verschiedener Härtegrade

Geometrische Grundformen

Für das räumliche Erfassen kann nichts hilfreicher sein, als erst einmal in allen Gegenständen geometrische Grundformen zu erblicken. Ohne diese Veranschaulichung können Gegenstände in schiefe und verdrechselte Formen geraten, vor allem, wenn es sich um stark verkürzte Darstellungen handelt. Anders auf Seite 31.
Auf Seite 42 sind links Beispiele ohne bewußtes Gestalten auf geometrische Grundformen hin angerführt, und rechts solche, bei welchen dies einbezogen wurde. So können bei Vasen, damit keine verzerrten Formen entstehen, unter anderem Kreise oder Ellipsen Abhilfe schaffen. Andernfalls bedienen sich Zeichner der Methode des schrittweisen Vorgehens: Sie halten sich dabei an die Mittellinie und zeichnen die Form abwechselnd linksseitig zu rechtsseitig (↓).

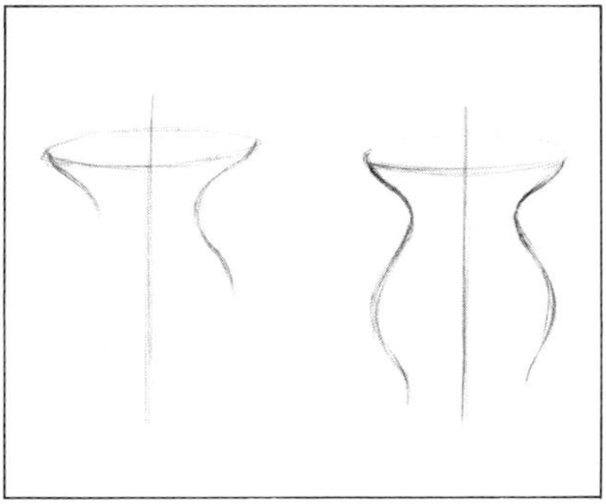

Pflanzen oder Blüten sind nie zufällig gewachsen, sondern in die Grundform ist der Wachstumscharakter in seiner strebenden Entfaltung mit einzubeziehen. Auch bei runden Körpern, wenn es etwa um die Zargen bei Musikinstrumenten geht oder um die Polsterung einer Couch, sind geometrische Grundformen sehr dienlich. Denn dadurch sieht der gezeichnete Gegenstand nicht nur greifbarer aus, sondern er läßt sich auch mit dieser Methode einfacher verwirklichen. Ebenso verhält es sich bei der Banane, die zwar, von oben gesehen, schwierigkeitslos zu zeichnen ist, indem zuerst von der inwendigen Kante ausgegangen und zur äußeren übergegangen wird. Doch in der Praxis sehen wir sie meistens in verkürzter Form, was durch einen gebogenen Zylinder leicht bewältigt werden kann. In ihn wird die Banane einbeschrieben, und die Moderne braucht sich nicht mehr auf die heimliche Ausrede zu berufen, eine besondere Weise verwirklicht zu haben, wenn es ihr nicht anders gelang.
Bei →Porträts – von so mancher Berühmtheit hergestellt, nicht selten auch bei Dürer – kann man oft feststellen, daß Gesichtshälften zueinander schräg stehen, die Lage der Augenpaare mit jener des Mundes verschoben ist, die Nase eingedrückt erscheint und der Stirnbereich seiner Fülle beraubt ist wie bei einem Neandertaler. Die Grundform eines Ellipsoids kann hierfür sehr hilfreich sein, damit Gesichtsteile zueinander nicht entstellt aussehen; auch die Grundform eines Keiles, für die Nase verwendet, läßt diese nicht eingedrückt erscheinen. Diese Grundformen treffen auch zu, wenn unterschiedliche – nicht schiefe! – Gesichtshälften natürlich sind.

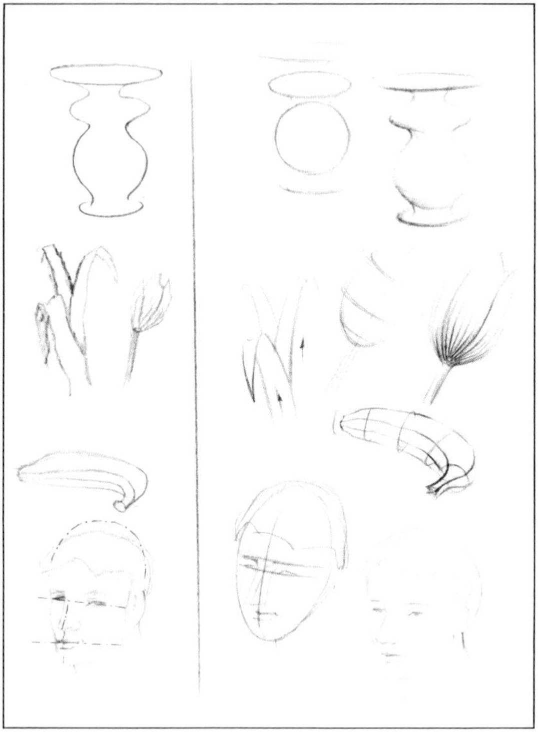

Funktion entscheidend. Es geht also um jene integrierenden Bestandteile, die einem nicht vor Augen liegen, was zur Folge hat, daß auch diese zu einer Auslegung des Räumlichen gehören. Der Gegenstand wird also durchgeformt, oder, anders ausgedrückt, durchgezeichnet. Dieses Durchformen gewährleistet neben einer Erfassung der →Perspektive eine sichere räumliche Gestaltung, vor allem, wenn es um die Durchdringung von Körpern geht (↓) oder wenn Baumstämme übereinander liegen sollen. Wenn nur abgezeichnet wird, ist leicht zu erkennen, daß sich bei der ersten Zeichnung dieser Abbildungen (↗) ein grober Fehler eingeschlichen hat: die Baumstämme wirken an ihrer Berührungsstelle eingekerbt.
Ein nicht geringerer Fehler tritt auf, wenn Vasen, Flüsse, Seen usw.

Durchformen

Selbst wenn mit Hilfe geometrischer Grundformen der Gegenstand besser in den Griff zu bekommen ist und mit Schattierungen oder durch Strukturen räumliche Wirkungen schon erzeugt werden können, so kommt es letzten Endes darauf an, wie räumliche Ausdehnungen in ihrer ganzen Eigenschaft erfaßt werden. Denn das Räumliche besteht nie allein aus dem, was man zu Gesicht bekommt, sondern, da es aus einer Relation zusammenhängender Komponenten durchwirkt ist, wird die gesamte

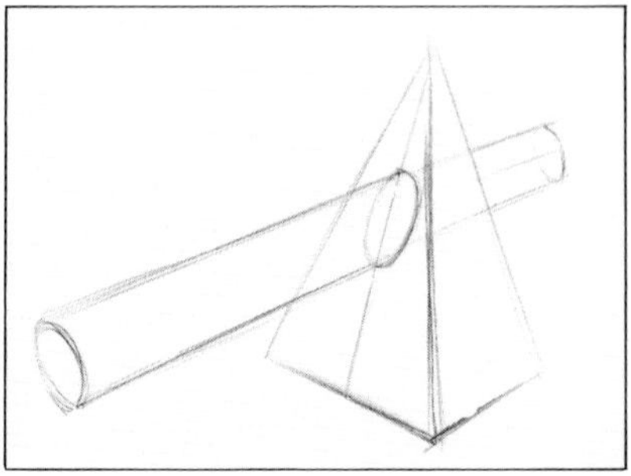

Durchformen

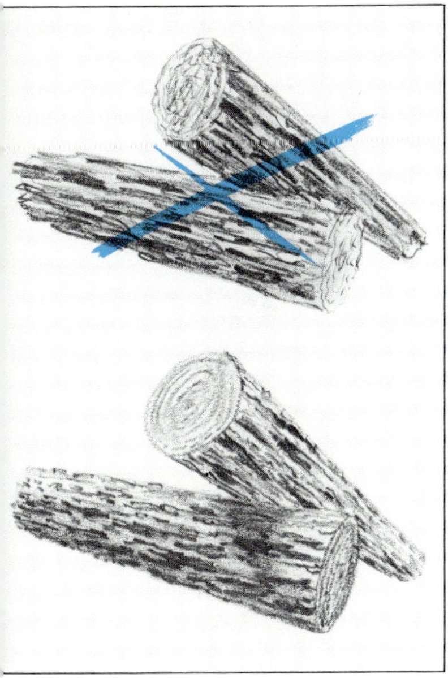

hochgeklappt ausgeführt werden (↓), was wohl nicht nur aus optischen Täuschungen resultiert, sondern überhaupt aus der Art und Weise unseres Erkenntnisvorgangs. Vergegenwärtigt man sich jedoch – neben den Gesetzen der →Perspektive – das Durchformen, können die Gegenstände gar nicht anders ausse-

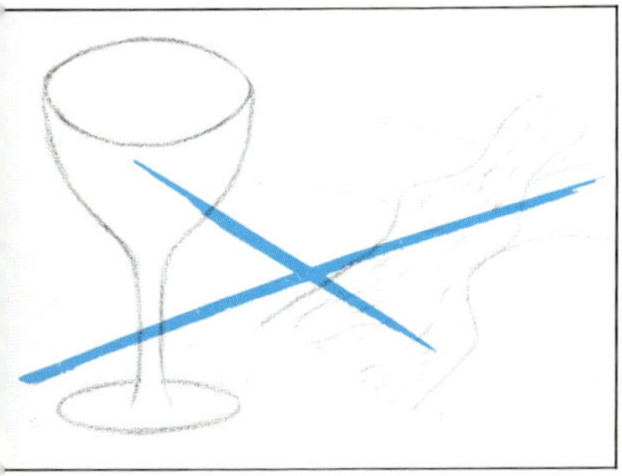

hen als eben den optischen Tatsachen entsprechend (↓). Dies wird auch offensichtlich, verdeutlicht man

sich einen Glaszylinder mit einzelnen Positionen einer Kreisscheibe (↓): In Augenhöhe erscheint diese Kreisscheibe zuerst als Gerade, dann, weiter nach unten rückend, als stark verkürzte Ellipse, bis sie sich zuletzt der Form eines Kreises nähert.

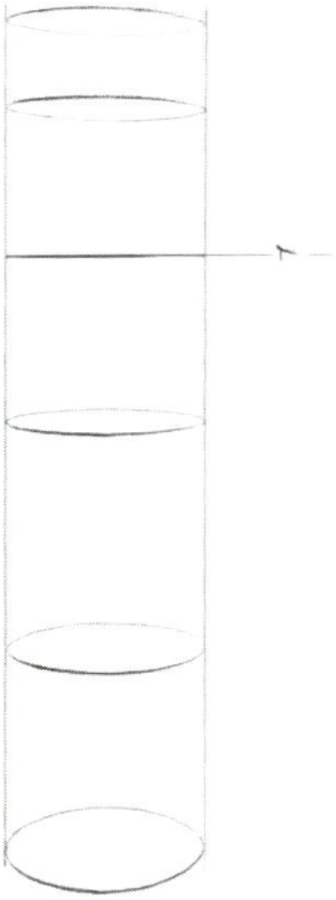

Überhaupt ist es empfehlenswert, um eben ein Gefühl für räumliche Wirkungen zu bekommen, den selben Gegenstand aus unterschiedlichen Blickrichtungen auszuführen (Seite 44↑). Auch anderweitig stellen sich ohne Durchformen immer wieder Fehler ein. Typisch sind unter anderem folgende Fälle: Der Teller eines Kerzenleuchters wird

unweigerlich herzförmig, der Stiel eines Weinglases erscheint unterhalb des Tellers oder er schwebt über ihm (↓), und alles erscheint schief, wenn

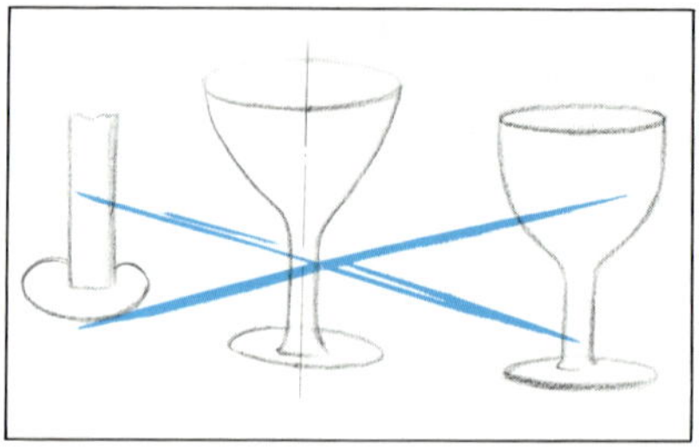

die Mittellinie wie überhaupt Bezugslinien völlig außer acht gelassen werden. Doch gerade sie sind entscheidend, wie dies bei den Tellern

(↑) zu sehen ist. Denn es liegt klar auf der Hand, daß der Tellerrand gegenüber seiner Vertiefung höher liegt. Dieselben Verhältnisse liegen vor, soll etwa eine Kaffeetasse mit ihrer Untertasse veranschaulicht werden (↓). Auch hier wird logisch, daß die jeweilige Basis der zu zeichnenden Ellipsen beachtet werden muß.

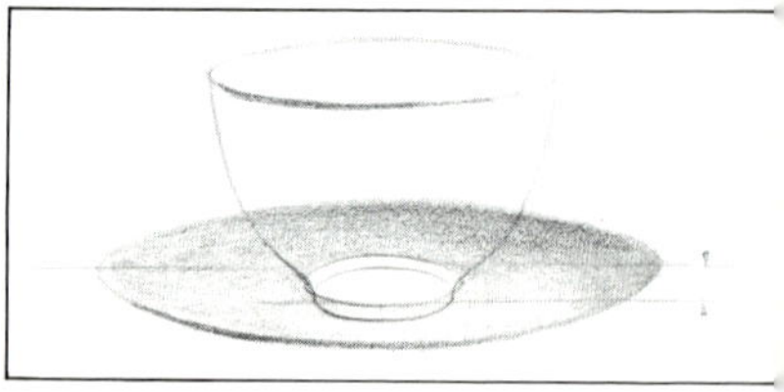

Außer den Bezugslinien kann auch der Grundriß zur Veranschaulichung herangezogen werden. Dies ist vor allem dann günstig, wenn es um Henkel geht, die in ihrer jeweiligen Stellung bei Tassen, Krügen u. ä. zu vermitteln sind (↗). Dabei geht es nicht nur darum, daß dieser je nach Form und je nach Lage zum Gefäß mehr oder weniger verkürzt aussieht, sondern es ist auch herauszufinden, wo seine Befestigungspunkte am Gefäß zu liegen haben. Bei einem regulär zylindrischen Gefäß bleiben beide Befestigungspunkte des Henkels in senkrechter Lage, nicht so, wenn das Gefäß verschiedene Breiten aufweist. Zudem ist gut daran getan, den Henkel stets in ein rechteckiges oder quadratisches Profil einzuschreiben, selbst wenn er rund oder oval er-

Durchformen

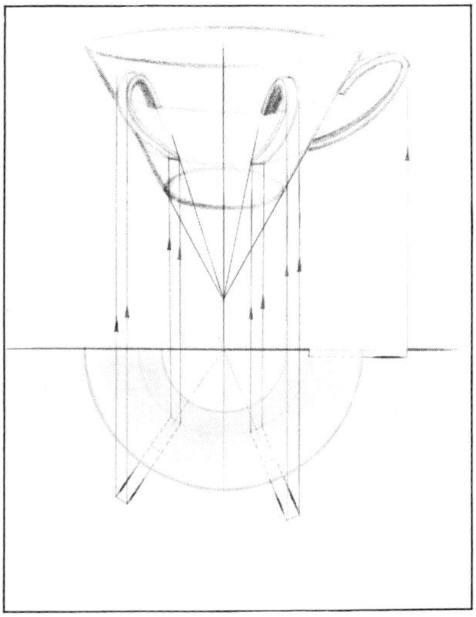

scheinen soll; dies vor allem deshalb, damit räumliche Verhältnisse überschaubarer werden und Schattenpartien leichter in den Griff zu bekommen sind (↓).

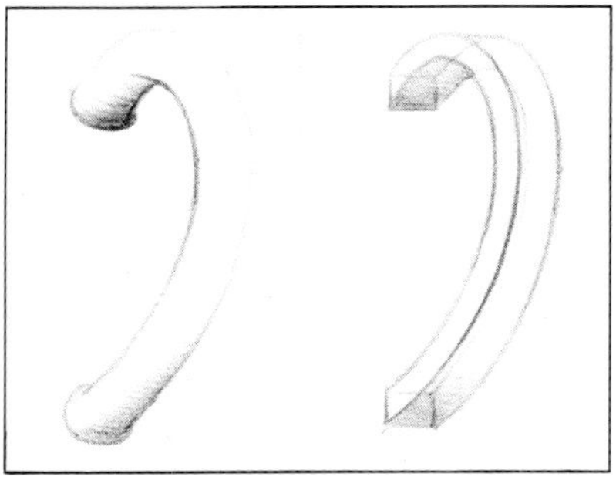

Um komplizierte Ausarbeitungen, genauer: Perspektivkonstruktionen, zu umgehen, gibt es auch andere Möglichkeiten, der Räumlichkeit - wenn auch nur gefühlsmäßig - gerecht zu werden. Eine davon wird folgendermaßen vollzogen: Wird davon ausgegangen, daß die Befestigungspunkte eines Henkels oder eines diametral liegenden Henkelpaares zur Mittelachse des Gefäßes in einer Ebene liegen (↓) und diese - je nachdem,

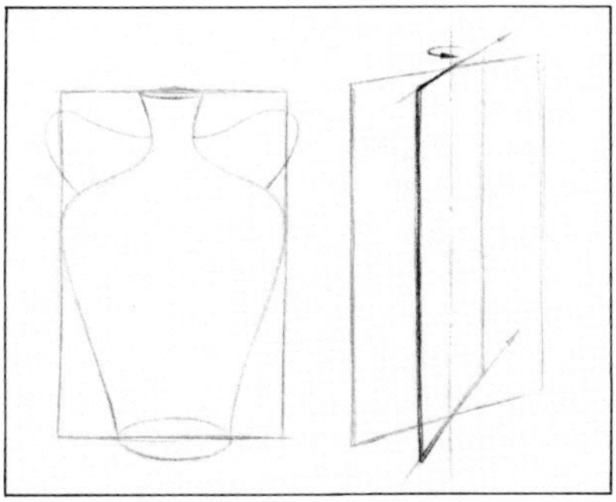

wie man sie um die Mittelachse dreht - in verschiedene Positionen gebracht werden kann, so ist auch leicht feststellbar, wie sich Befestigungspunkte und Henkelform den Verhältnissen der →Perspektive anschmiegen (↓).
Weiterhin kann zur Veranschaulichung, wie die Verkürzung der Hen-

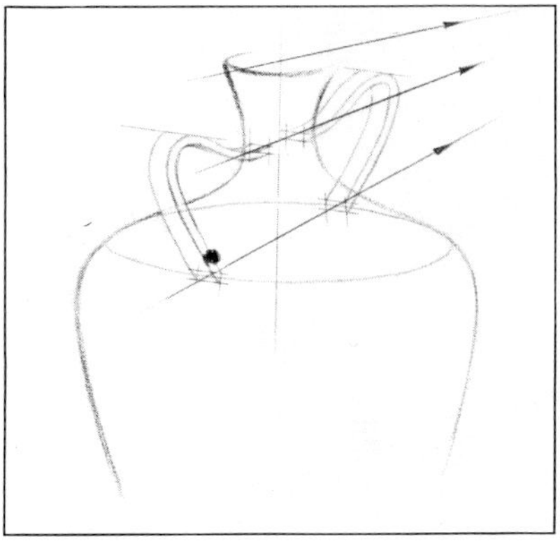

kel entsteht und weshalb der nach hinten zu liegende Henkel kleiner als der dem Vordergrund zugewandte ist, die Formänderung beim Aufschlagen des Buches dienen (→): Je mehr die vordere Längskante des Einbandes zu Gesicht kommt, um so länger wird sie. Zu beachten sind vor allem die Lageveränderungen der oberen und unteren Breitenkanten, die sich zueinander um so mehr verändern, also immer weniger zueinander parallel liegen, je mehr die äußere Längskante in den Vordergrund rückt. Doch nicht nur bei Gefäßen oder ähnlichen Körpern wird das Durchformen notwendig, sondern auch bei Aktdarstellungen (Seite 73 und 75) sowie teilweise auch bei Landschaften.

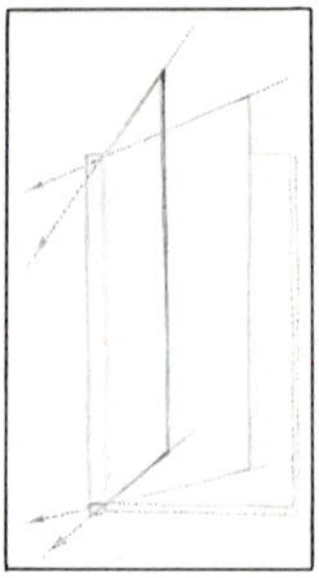

Schattenverhältnisse

Da Licht und Schatten einander nicht ausschließen, ist damit zugleich ein Unterschied von →Tonwerten herbeigeführt. Damit ist nicht nur ein dynamischer Ausdruck gewährleistet,

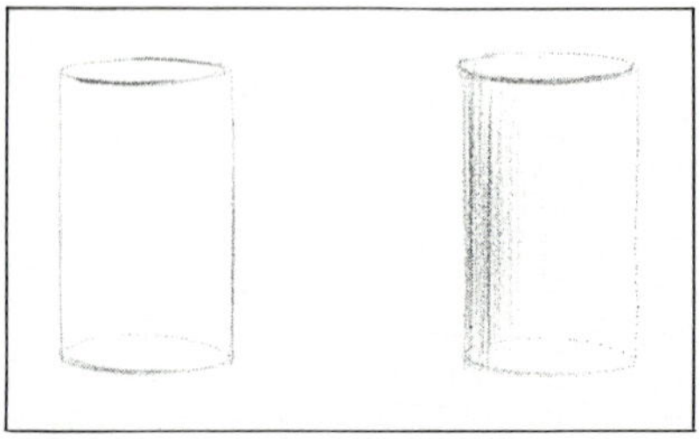

sondern es ergeben sich auch vom Räumlichen her vorteilhafte Auswirkungen. So ist allein schon mit Hilfe des *Objektschattens* eine Basis des Räumlichen geschaffen (↙) und mit

dem *Schlagschatten* jenes Moment, daß dieser Gegenstand auf einer Unterlage steht, ohne daß diese als solche in Erscheinung treten muß (↑). Außerdem kann es sehr störend sein, wenn hinsichtlich des kompositorischen Bildaufbaus oder auch wegen

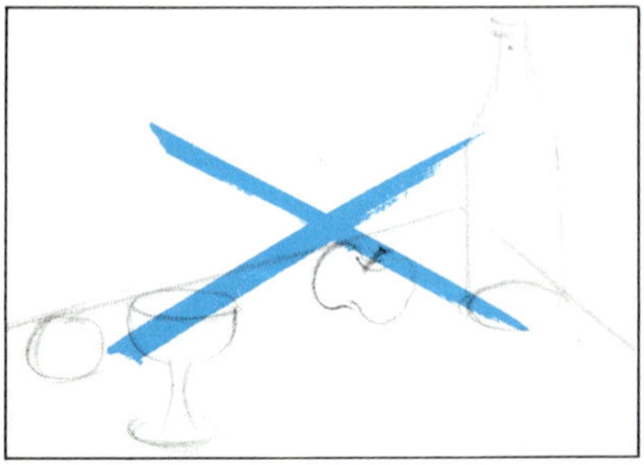

unliebsamer Silhouettenerscheinungen ungünstige Auswirkungen hervortreten. So wäre es zum Beispiel unfachmännisch, wenn Tischkanten Gegenstände tangieren (↑). Ebenso unfachmännisch ist es, wenn die Tischkanten so angelegt werden, daß der Betrachter, statt in das Bildgeschehen hineingeführt, aus diesem

Schattenverhältnisse

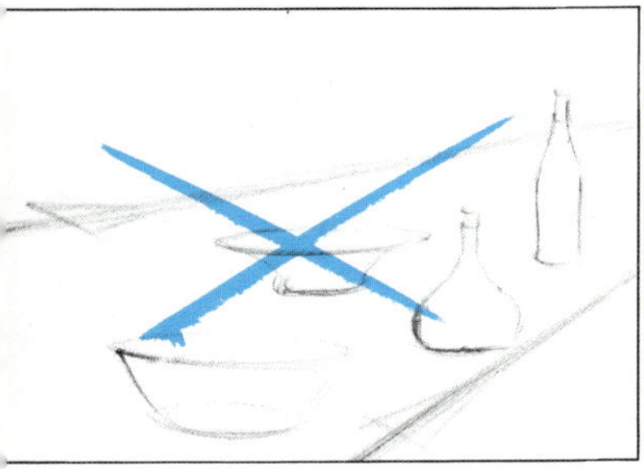

herausgeleitet wird (↑), gerade so, als ob man wissen möchte, wie es rechts außerhalb des Bildrandes aussieht.

Andrerseits ist es aber nicht damit getan, den Schatten nur Schatten sein zu lassen. Ein bloßes Anlegen von Schattierungen wäre ungenügend, wie dies an Hand eines hohlwandigen Zylinders deutlich wird. Wird er nämlich nur so aufgefaßt, daß man helle und dunkle Stellen gleich einem Elektronenstrahl abtastend wiedergibt, so kommt das Hohlwandige nie zum Ausdruck (↓). Anders,

wenn der Gegenstand in seiner Räumlichkeit beachtet wird. Denn der Raum macht den Schatten, und dieser wiederum fügt sich auch danach. So wurde – einem Innengewinde ähnlich – in spiralförmiger Weise schattiert (↓). Weitere Beispiele (Seite 48) zeigen, wie durch unterschiedliches Anlegen von Objektschatten

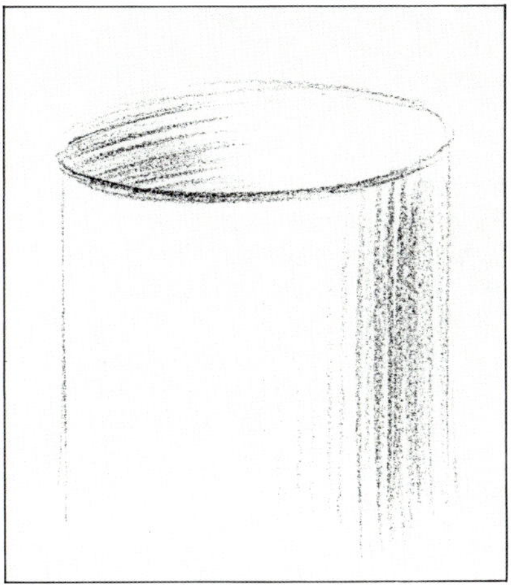

verschiedene Körper entstehen können. Dabei wurden jeweils unterhalb grobe Strichführungen dargestellt, um zu veranschaulichen, wie das Anlegen der Schattierungen vonstatten ging. Beim ersten Beispiel wird ein Rohr fühlbar, beim zweiten ein hohlwandiger Kegel, beim dritten handelt es sich eindeutig um eine Kugel.

Nun sind Gegenstände nicht immer von Licht und Schatten durchwirkt. Sehr oft sind sie in ein Streulicht getaucht, wodurch kaum Schattenpartien sichtbar werden können. Deshalb ist hierzu notwendig, sich eine Lichtquelle zu denken, die von irgend

einer gedachten Richtung auf den Gegenstand fällt, damit dann entsprechende Schatten erzeichnet werden können.
Wenn es andernfalls um Erscheinungen gehen soll, worin die Gegenstände durch einen Dunst oder Nebel leicht aufschimmernd hervortreten, so gelten dabei natürlich ganz andere Umstände, bei denen unter anderem Konturunterschiede sehr dienlich sein können (↓).

Kohle

Konstruktionen

Ein Zeichner, würde er seiner eingeübten lebhaften Striche wegen ein konstruiertes Vorgehen nur belächeln, wäre ziemlich einseitig. Es würde seiner kreativen, in diesem Falle besser gesagt: schöpferischen Tätigkeit ganz und gar nicht anstehen, wenn er die optischen Gesetzmäßigkeiten unbeachtet läßt. Denn so notwendig eine intuitive Hingabe für eine ausdrucksvolle Zeichnung auch ist, so wenig läßt sich unsre Befangenheit hinsichtlich optischer Täuschungen und auch jene Unterworfenheit innerhalb der Harmoniegesetze des →Goldenen Schnittes leugnen. Man geriete schnell in eine heikle Situation, würde man etwa Gebäude oder Inneneinrichtungen mit ihren Schattenverhältnissen nur gefühlsmäßig erfassen und ließe die konstruktiven Verhältnisse außer acht, die gerade hierfür ausschlaggebend sind, damit auch alles wie zum Angreifen erscheint. Außerdem wird durch das Bewußtwerden hierüber der Blick für optische Zusammenhänge geschärft.

Perspektive

Um einen Gegenstand auf einer zweidimensionalen Bildebene so zu projizieren, daß er in seiner Räumlichkeit zur Geltung kommt, muß man sich diese Bildebene, welche zugleich die Zeichenfläche darstellt, als Mattscheibe vorstellen, die zwischen dem Objekt und dem Betrachter steht (↓). Bei dieser Bildebene, besser: bei dieser Zeichenfläche fällt auf, daß *Konstruktionspunkte* – wovon gleich noch die Rede sein wird – teils außerhalb der Zeichenfläche liegen. Dies ist in der Praxis auch meistens der Fall, da sonst der Gegenstand auf der Zeichenfläche zu klein erscheinen würde. Doch der Freihandzeichner hilft sich dabei so ab, daß er *Fluchtpunkte* (FP) abschätzend außerhalb der Zeichenfläche fixiert; ohnehin werden in der Praxis der Freihandzeichnung weder Lineal noch Zirkel usw. benötigt, wie dies auch bei den folgenden Abbildungen teilweise zu sehen ist. Doch wer in diese Materie tiefer eingehen will, benötigt einige Zeichengeräte, da perspektivische Konstruktionen ziemlich vielschichtig und problematisch werden können.

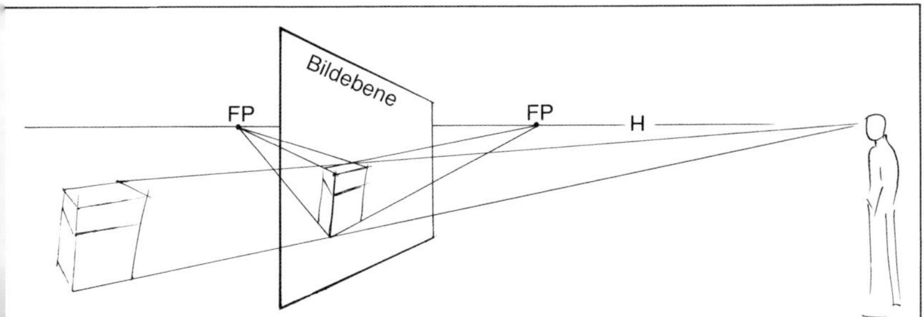

Konstruktionen

Zentralperspektive

Sie wurde von Filippo Brunelleschi um 1400 entdeckt und später immer weiter erforscht. Betrachtet man hierzu zum Beispiel eine endlose Straße, so erscheint sie, je nach dem Standpunkt, von dem aus sie gesehen wird, stets anders (↓). Ähnlich

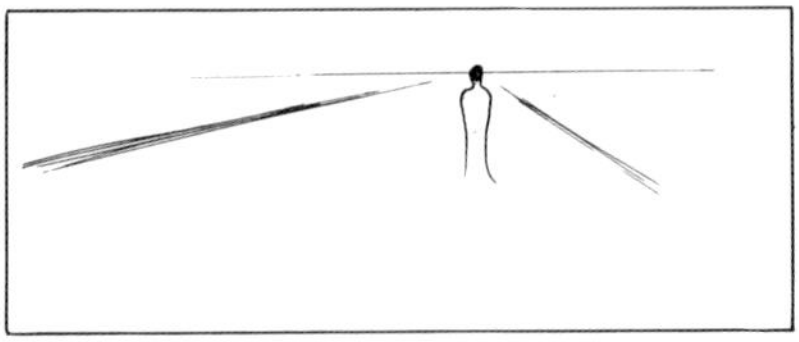

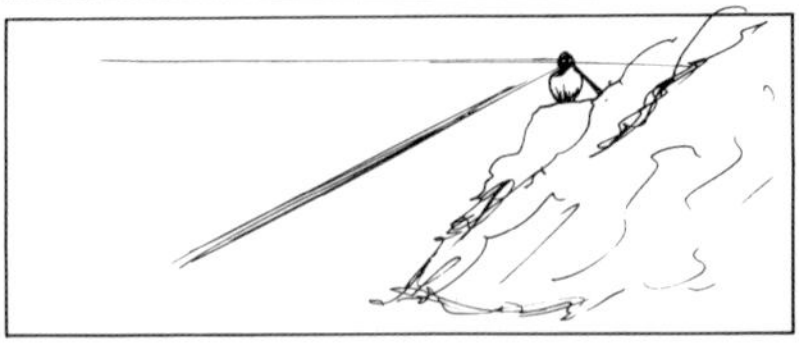

verhält es sich mit einem Innenraum, der, je nach der Position des Betrachters, entsprechend in Erscheinung tritt (↓).

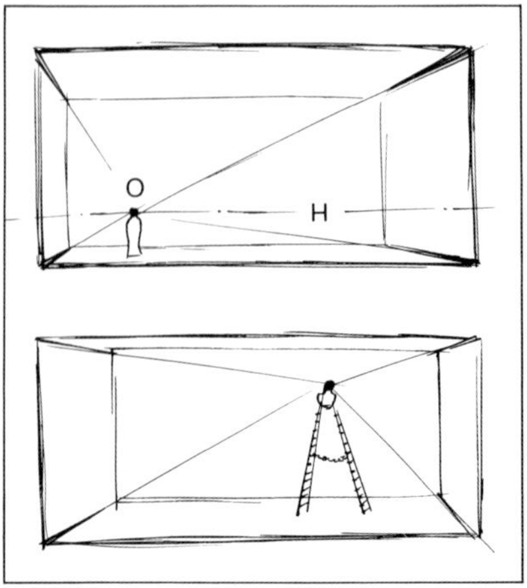

Auffällig ist dabei, daß die raumbestimmenden Linien zur Tiefe sich in einem Punkt vereinigen, dem sogenannten *Augpunkt* (○), der von der Position des Betrachters herrührt. Außerdem kann aus diesen Abbildungen geschlossen werden, daß die Augenhöhe bzw. (○) zugleich mit dem Horizont (H) zusammenfällt. Auch kann (○) in diesem Falle zugleich als Fluchtpunkt (FP) angesehen werden, obwohl der (FP) im Grunde genommen eine ganz andere Bedeutung hat.

Fluchtpunkte

Flächen, um ihre Achse gedreht, erscheinen uns verkürzt. Die dazu liegenden Parallelen treffen durch die Verzerrungen auf der Bildebene in bestimmten Punkten, den sogenannten Fluchtpunkten (FP), zusammen. Auf Seite 49↓ wird anschaulich, daß diese (FP) zur Bildebene parallel liegen und von (H) ausgehen.
In der Praxis sind diese (FP) auffindbar, indem die Neigungswinkel der Geraden des Objektes – durch Anpeilung feststellbar – auf die Zeichenfläche übertragen werden (in meinem Buch ›Praxis des Malens‹ näher beschrieben).
Wird an das Objekt zu nahe herangegangen, oder zeichnet man vom Theoretischen her die (FP) nicht genügend voneinander entfernt, kann es zu überraschenden Verzerrungen kommen. Oder umgekehrt: Wenn diese (FP) zu weit voneinander entfernt liegen, tritt die Wirkung der Perspektive durch zu parallel liegende Fluchtlinien nicht mehr hervor (Seite 51↖).

Perspektive

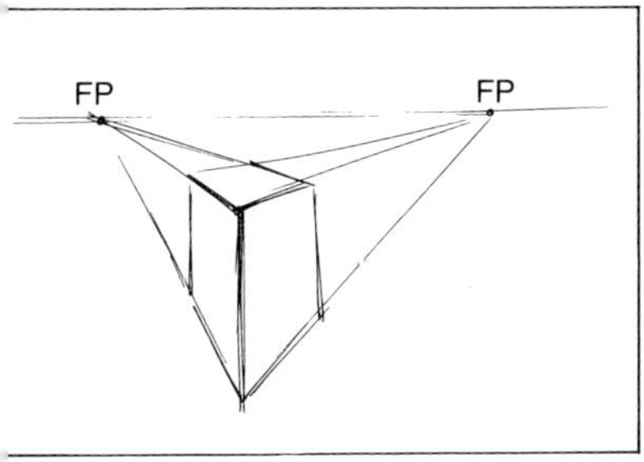

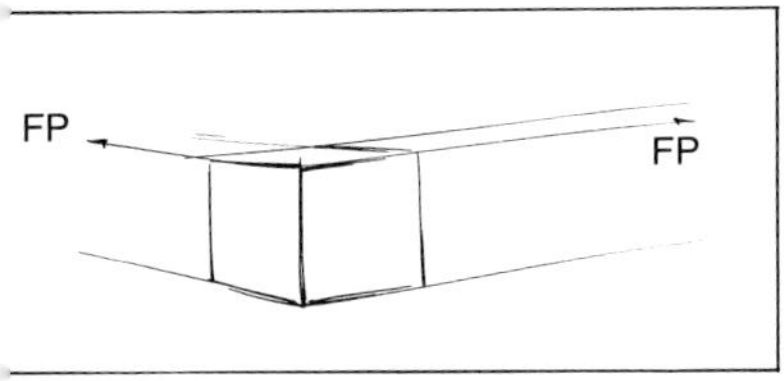

Allgemein ergibt sich aus diesen vorangegangenen Abbildungen für jenen, dem es nicht um eine exakte Konstruktion geht, ein Merksatz:

Fluchtlinien verjüngen sich ähnlich einer endlosen Straße (↓). Allerdings müssen diese gefühlsmäßig erfaßten (FP) immer in einer Horizontalen liegen, wenn es um eine übliche Anschauung geht.

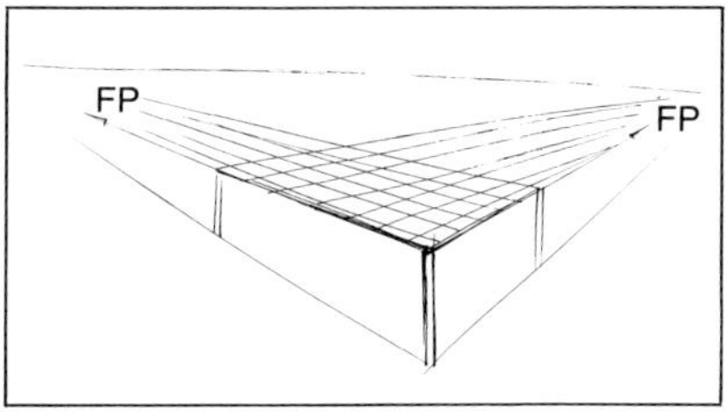

Bei genauer Konstruktion wird vom Grundriß ausgegangen, bei dem die Distanz vom Beobachtungsstandpunkt (S) zur Bildebene festgelegt wird (↓). Verbindet man mit (S) die Eckpunkte des Grundrisses, so erhält man auf der Bildebene die Ver-

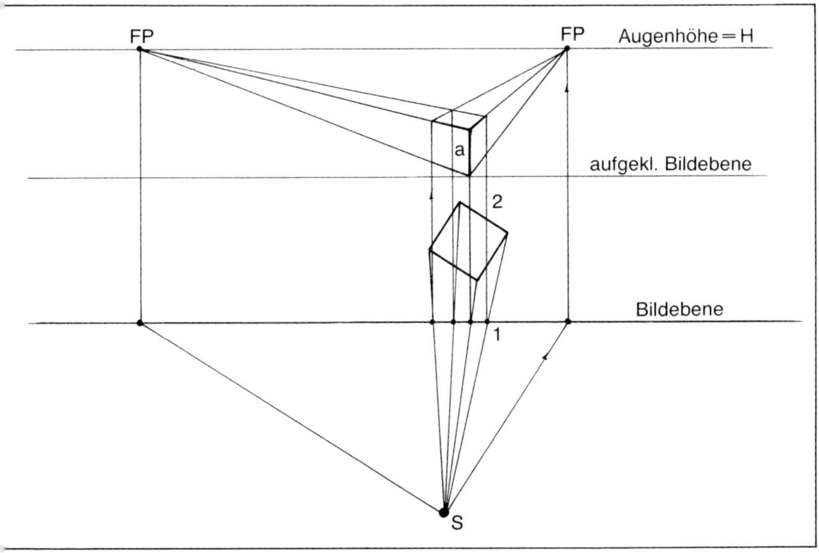

kürzung der Seitenflächen (1). Von diesen Schnittpunkten aus geht man in die aufgeklappte Bildebene über. Auf dieser wird die Höhe des Würfels eingezeichnet (a). Die jeweilige Basis der (FP) ist auffindbar, indem zu den vorderen Kanten des Grundrisses Parallelen von (S) aus gezogen werden. Die Schnittpunkte, die sich dabei mit der Bildebene ergeben, stellen die Basis für die (FP) dar, welche dadurch auf der gewählten Horizontlinie - je nach Augenhöhe - eingezeichnet werden können.
Nun werden von der Vorderkante (a) zu den (FP) Fluchtlinien gezogen. Diese wiederum bilden mit den vorher senkrecht konstruierten Kanten des Würfels (2) Schnittpunkte, von denen aus wieder Linien zu den (FP) gezogen werden.
Würde es sich in diesem Falle um den Korpus eines Hauses handeln, zu dem ein Dachgesims gehören sollte, so liegt der Scheitelpunkt dieses Gesimses natürlich nicht in der Mitte der perspektivischen Verkürzung, sondern die Mittellinie hierzu muß konstruiert werden. Das geschieht mit Hilfe von Diagonalen, wobei sich aus deren Schnittpunkt die Mittellinie für das Dachgesims ergibt (↗). Von dem so gefundenen Scheitelpunkt aus kann die Scheitelkante

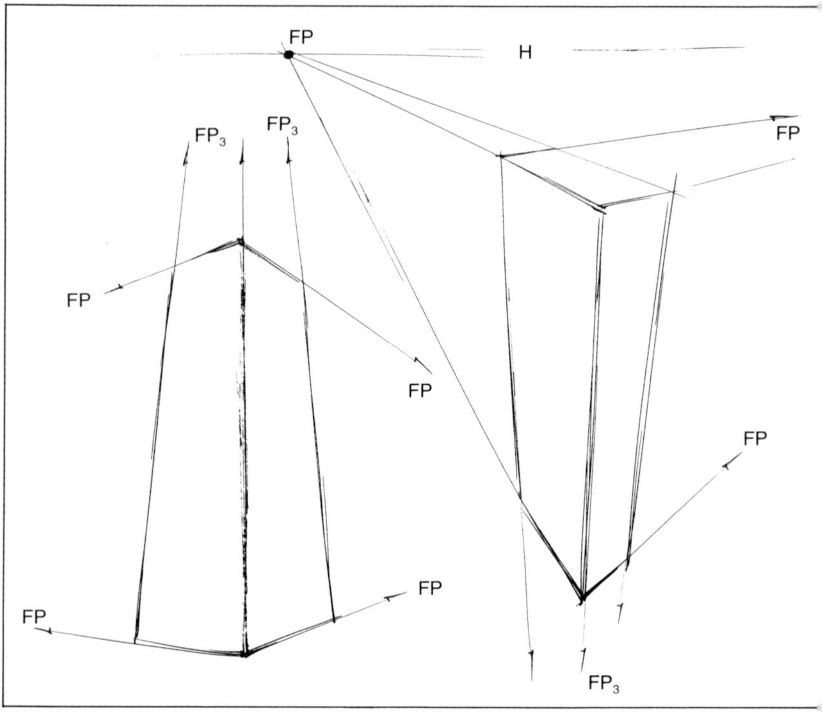

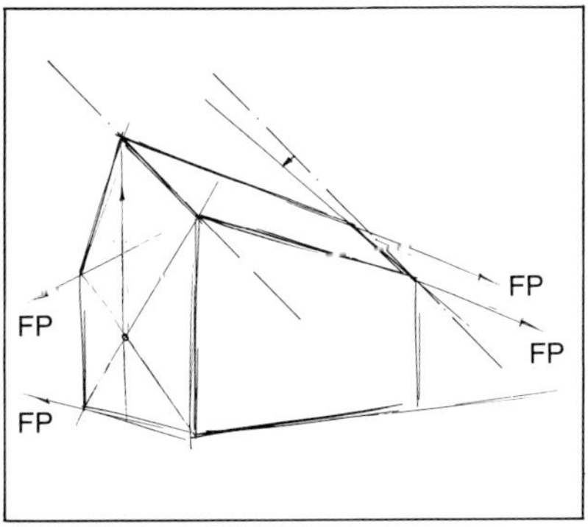

in Richtung des hierfür notwendigen (FP) gezeichnet werden. Wo sie endet, kann mit der hinteren Fläche des Hauses - gegenüber der Front liegend - ebenso verfahren werden. Doch im allgemeinen genügt hierbei eine gefühlsmäßige Erfassung, da sich die Dachfläche ähnlich einem Buchrücken nach hinten zu verjüngt (Seite 46↖).
Geht es um hohe Türme oder um Wolkenkratzer, vor denen man steht oder auf die man herabsehen kann, ergibt sich ein dritter (FP), der aus der Verjüngung der senkrechten Linien hervorgeht (←). Zu beachten ist dabei, daß (FP_3) nicht zu sehr von der Mittelsenkrechten des Gebäudes entfernt liegen darf, da es sonst zu Verzerrungen kommen kann, die selbstverständlich bei Experimenten wieder angebracht sein können. Außerdem kommt es immer wieder vor, daß Kirchturmspitzen gegenüber dem gesamten Turm schief zu liegen kommen. Dem kann abgeholfen werden, indem man den Dachstuhl derartig durchzeichnet, daß man auf seinem Boden Diagonalen zeichnen kann, auf deren Schnittpunkt die Mittellinie für die Kirchturmspitze errichtet wird (↓), ohne daß hierzu ein dritter (FP) notwendig wäre.

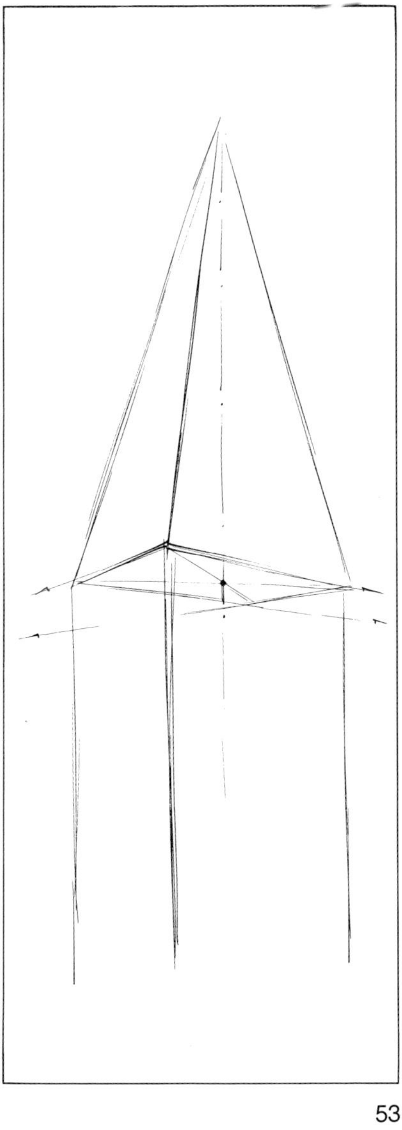

Konstruktionen

Teilungsmethoden

Je nach Thema wird die eine oder andere Methode notwendig. Wenn es beispielsweise darum geht, daß ein Ornament auf einem runden Gefäß perspektivisch wirksam werden soll, kann dieses Ornament mit einem Kreis umschrieben werden, welcher sich leicht in acht oder mehr Streckenabschnitte unterteilen läßt. Der Kreis wird hierzu einem regulären Viereck einbeschrieben (↓). Daraufhin wird ein quadratisches Säulchen je nach Augenhöhe bzw. nach Lage des Augpunktes (○) gezeichnet. Damit aber auch wirklich ein entsprechend quadratisches Säulchen entsteht, ist die Verkürzung der Basis eher verzerrter zu wählen, damit kein Oval entsteht (↙).

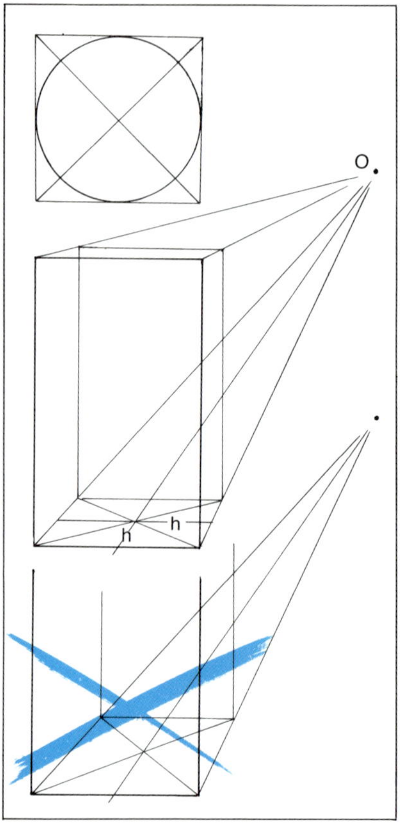

Um die Ellipsen der Perspektive entsprechend einzeichnen zu können, richtet man sich nach den jeweiligen Höhen (h) der quadratischen Fläche, die sich aus den Diagonalen ergeben. An den Schnittpunkten (a), (b), (c) und (d) können somit Teilstücke der Ellipse eingezeichnet werden (↓), ihre Vervollständigung kann dann einfach erfolgen. Die senkrechten Teillinien (k) für das später anzubringende Ornament ergeben sich durch die Schnittpunkte mit der Ellipse. Dabei ist auch feststellbar, daß die abgrenzenden Zylinderkanten selbstverständlich von den Mittelsenkrechten (bei d und b) der linken und rechten Teilfläche abweichen. Um eine andere Methode geht es, wenn es sich um Alleebäume handelt

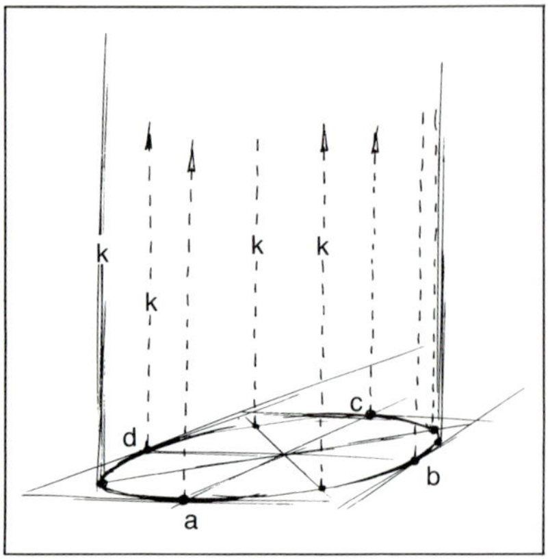

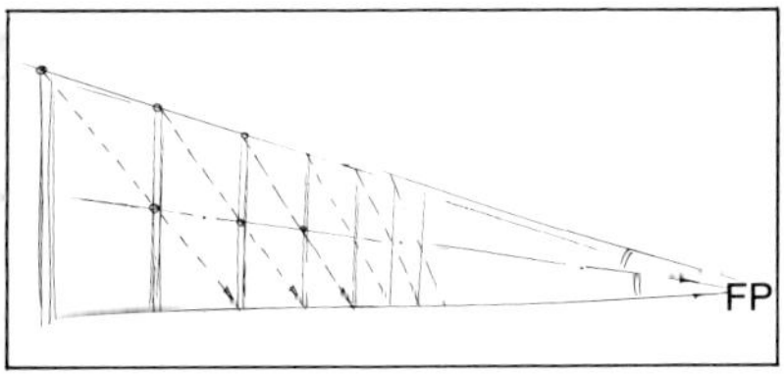

oder um Masten, die zueinander im gleichen Abstand stehen (↑). Hierzu folgt nach der proportionsmäßigen Erfassung auf der Zeichenfläche die Auffindung des (FP), wie in meinem Buch ›Praxis des Malens‹ beschrieben. Anschließend wird zwischen den beiden Fluchtlinien eine Winkelhalbierende – sie hat mit der Hälfte des Mastens nichts zu tun! – eingezeichnet. Sie dient als Konstruktionslinie, indem nach Festlegung des zweiten Mastens eine Linie zwischen dem oberen Ende des ersten Mastens und dem Schnittpunkt des zweiten mit der Winkelhalbierenden gelegt wird. Am Fußpunkt der unteren Fluchtlinie ergibt sich daraus die Position des dritten Mastens (↖). Der vierte Mast ist entsprechend dem zweiten und dritten zu positionieren usw.

Bei richtiger Zeichnung müssen sich diese schräge Linien der perspektivischen Verkürzung entsprechend nach hinten zu einer Senkrechten nä-

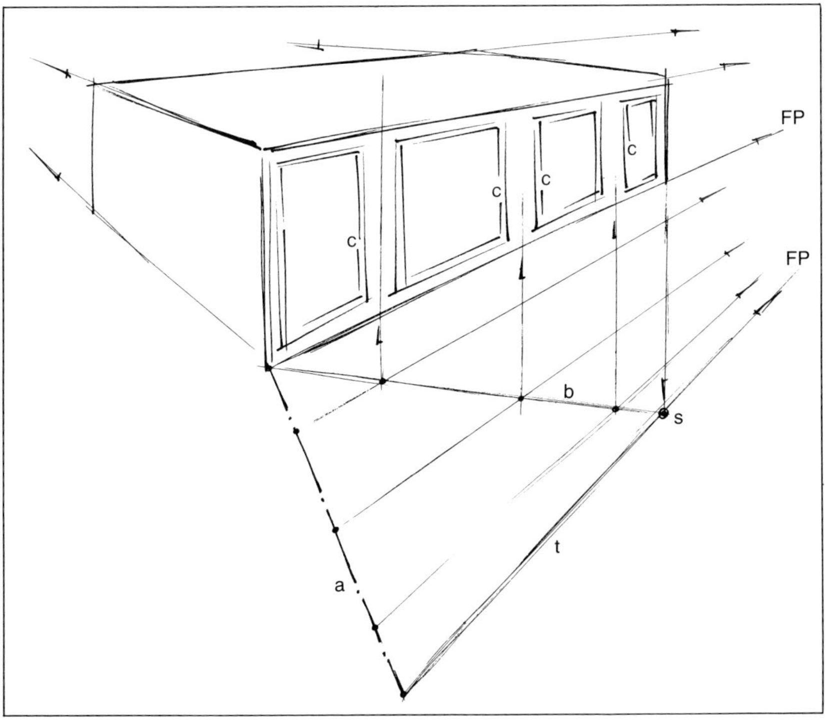

hern. Andernfalls, liegen sie parallel zueinander, kommt es nicht zu einer perspektivischen Abstandsänderung.
Ein weiteres Verfahren, wie an Häuserfassaden Fenster oder Kassetten zu unterteilen sind oder auch Türen bei Kommoden, besteht darin, daß zuerst von einer gegebenen perspektivischen Konstruktion ausgegangen wird (Seite 55↓): Man geht von einer Geraden (a) aus, die nicht unbedingt zur Vorderkante der Kommode senkrecht stehen muß. Auf diese werden die verschiedenen Abstände - hier die Türbreiten der Kommode - so aufgetragen, als ob ein Grundriß vorläge. Daraufhin wird eine Linie (t) zum (FP) gezogen und die Hinterkante der Stirnseite dieser Kommode verlängert. Aus dem sich dabei ergebenden Schnittpunkt (s) wird eine Linie zum unteren Ende der vorderen Kante gezogen (b). Werden dann die markierten Punkte der Geraden (a) mit dem (FP) verbunden, ergeben sich bei der Linie (b) Schnittpunkte. Die Senkrechten darauf geben jene Abstände in perspektivischer Form wieder, die bei der Geraden (a) als wahre Entfernungen dem Grundriß nach eingezeichnet waren.
Soll es darum gehen, wie ein quadratisches Netzwerk bei Täfelungen zu konstruieren ist, so muß die gesamte Fläche dieser Täfelungen erst einmal perspektivisch erfaßt werden. Danach werden von den gegebenen Eckpunkten aus Diagonalen gezogen, die sich in der Mitte des perspektivisch verkürzten Quadrates schneiden (↗). Verbindet man diesen Schnittpunkt mit den beiden (FP), so

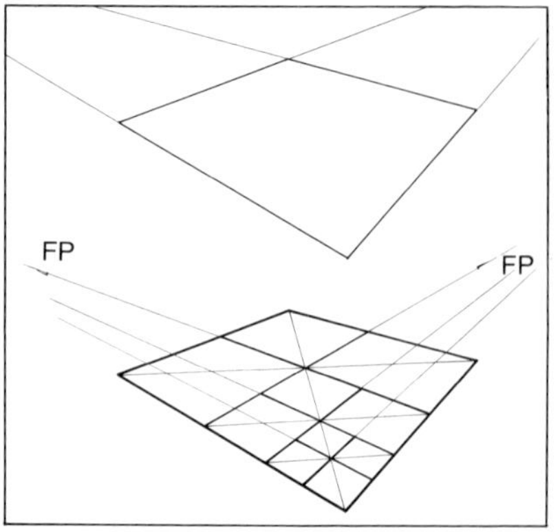

ergeben sich in verkürzter Form vier neue Quadrate. Werden diese wiederum im selben Verfahren unterteilt, oder besser nur eines davon, so ergeben sich auf Diagonalen und Schnittpunkten sechzehn Quadrate, weitergeführt entsprechend vierundsechzig Quadrate, in perspektivischer Verkürzung (↑).
Was die Netzwerke bei runden Gefäßen betreffen, beispielsweise ein Korbgeflecht als Überzug für Blu-

mentöpfe oder Flaschen, so ergeben sich in perspektivischer Form geschraubte Linien, ähnlich einem breit angelegten Gewinde (↙). Wird zu diesen Linien in umgekehrter Weise noch einmal dieselbe Schraubenform angebracht, entsteht ein Netzwerk, bei welchem die Rundung eines Gefäßes - wenn auch nicht genauestens konstruiert - deutlich wird (↙).

Spiegelungen

Die Strahlen, die von einem Punkt (A) ausgehen, werden von einem ebenen Spiegel derartig reflektiert (↗), als gingen sie von einem Punkt (A') aus, der ebenso weit vom Spiegel entfernt liegt wie (A). Es entsteht im Spiegel das *virtuelle Bild.*
Außerdem folgt aus dem physikalischen Satz: Einfallswinkel (α) ist gleich Reflexionswinkel (β), daß die Höhen des Gegenstandes beim wahren Bild gleich den Höhen beim virtuellen Bild entsprechen, und zwar von

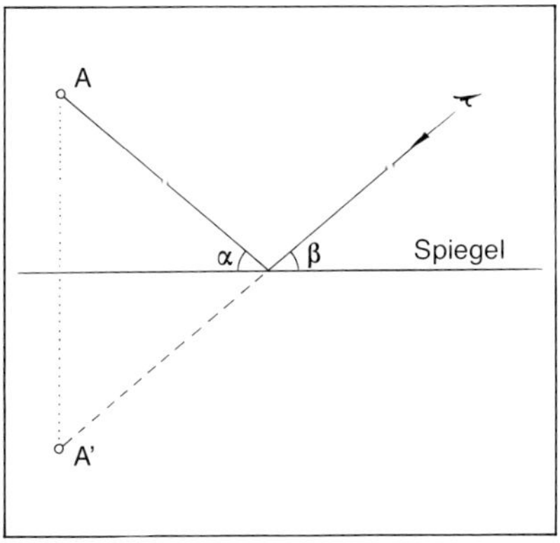

der Basis des Spiegels aus gemessen (↓). Diese Spiegelfläche erstreckt sich von der Horizontlinie (H) in Richtung zum Betrachter. Bei dem angeführten Beispiel können die jeweiligen Höhen der Berge im gleichen Abstand zu (H) auf die Spiegelfläche abgetragen werden. Anders verhält es sich bei dem Haus: Hier wird von der Basis auf der Spiegelfläche (gestrichelte Linien) ausgegangen, als ob die Kanten des Hauses bis dort

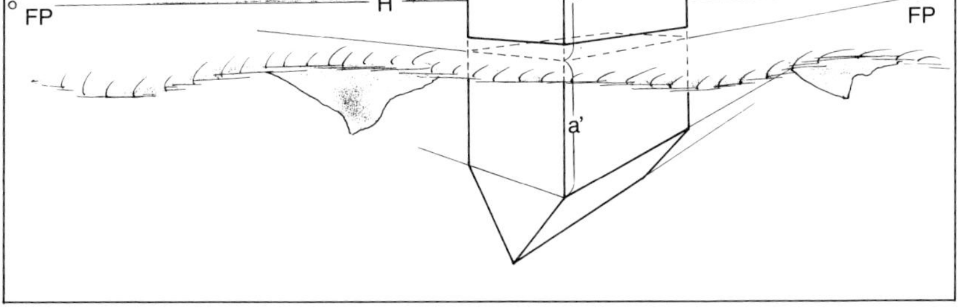

hin verlängert wären. Die Höhe (a) ist also gleich der Höhe (a'). Daraufhin kann mit denselben (FP) wieder verfahren werden, da das virtuelle Bild der Spiegelung dem wahren entspricht. Sobald jedoch Gegenstände ziemlich von oben aus gesehen werden, muß die sich dabei ergebende Verkürzung der Höhen eines Gegenstandes mit eingerechnet werden, da seine wahre Erscheinung näher zum Betrachter liegt als seine virtuelle. Doch in diesem Falle kann im allgemeinen eine gefühlsmäßige Erfassung genügen, indem das virtuelle Bild der Höhe nach etwas verkürzt gezeichnet wird.

Schattenkonstruktionen

Inwieweit von einem Objekt ein Schlagschatten geworfen wird, hängt nicht nur von der Richtung der Lichtquelle ab und nicht nur von ihrer Position der Höhe nach, sondern vor allem auch von der Art und Weise der Lichtquelle selbst. Denn es ist ein großer Unterschied, ob ein Schlagschatten von einer punktförmigen Kunstlichtquelle herrührt oder von einer Sonneneinstrahlung, denn die Sonne ist so weit entfernt, daß parallele Lichtstrahlen vorliegen.
Von einer *punktförmigen Lichtquelle* ausgehend, kann folgendes festgestellt werden: Die Senkrechte zu ihr schneidet eine Fluchtlinie, die in der Grundrißebene des Gegenstandes bzw. Objektes liegt; wobei sie natürlich, je nach dem, wie sie zum Objekt positioniert ist, davor stehen kann oder seitlich oder dahinter. Im folgenden Fall (↗) wurde davon ausgegangen, daß sie über einem Quader liegt. Durch die Angabe der Höhe der Lichtquelle und durch den Schnittpunkt (a) - aus der Senkrechten und der Fluchtlinie resultierend - können die Schlagschatten konstruiert werden. Zieht man von der Lichtquelle Geraden über die oberen Eckpunkte des Quaders hinaus und ebenso von (a) aus Geraden über die unteren Eckpunkte, so ergeben sich Schnittpunkte, durch welche der Umriß des Schlagschattens eingezeichnet werden kann.
Anders verhält es sich bei der *Sonneneinstrahlung.* Doch ist dabei nicht grundsätzlich mit parallelen Lichtstrahlen zu konstruieren, da auch die Perspektive hierbei wirksam wird. Denn eine von der Sonne beschienene Baumallee mag zwar von einer großen Anhöhe aus parallele Schatten werfen. Aber, sobald man sich in einiger Entfernung davor befindet, werden diese Schatten divergieren. Trifft jedoch die Sonneneinstrahlung derartig auf das Objekt, daß die Schatten in einem Winkel von 90 Grad zur Beobachtungsrichtung, also seitlich liegen, kann von parallelen Lichtstrahlen ausgegangen werden (↓). Zu den unteren Endpunkten der Bäume werden horizontale Linien angelegt, die dann mit den parallelen Linien der Sonneneinstrahlung - nach gegebenem Höhenstand der

Schattenkonstruktionen

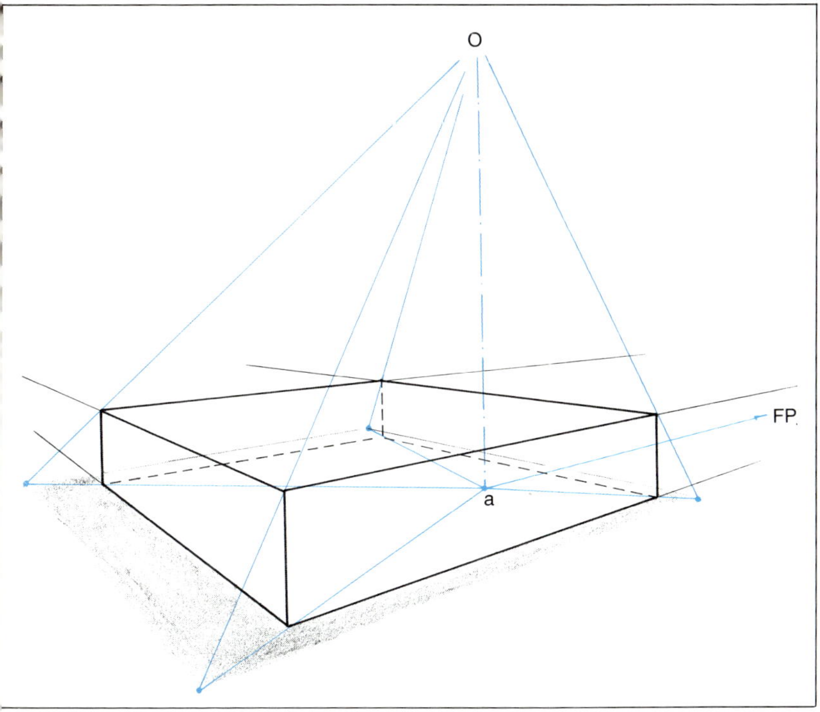

Sonne - entsprechende Schnittpunkte bilden, die den Schlagschatten umschreiben.
Wenn jener Fall eintritt, daß die Sonne auf einen Gegenstand von vorne oder mehr von hinten einstrahlt, kann sie als punktförmige Lichtquelle angesehen werden. Doch da sie nicht nur vom Neigungswinkel her bestimmt ist, sondern auch von der Himmelsrichtung, hat die Position der Sonne einen in das Unendliche gehenden Fußpunkt (P) am Horizont zur Basis.
Auf Seite 60 ist zu sehen, wie in solchen Fällen mit der Konstruktion vorgegangen wird. Wird der Gegenstand schräg von vorne beleuchtet, so daß auch die Sonne vorne positioniert ist, werden von den oberen Kanten - in diesem Beispiel eines Quaders - Fluchtlinien zu ihr gezogen, die die Fluchtlinien von (P) aus zu den unteren Kanten schneiden. Diese Schnittpunkte definieren den entsprechenden Schlagschatten.
Ähnlich wird vorgegangen, wenn die Sonne etwas schräg von hinten auf den Gegenstand leuchtet.
Zu erheblichen Verzerrungen kann es kommen, wenn die Sonne am Horizont steht, also wenn der Sonnenstand mit (P) zusammenfällt, wie dies an Hand der Beispiele auf Seite 61

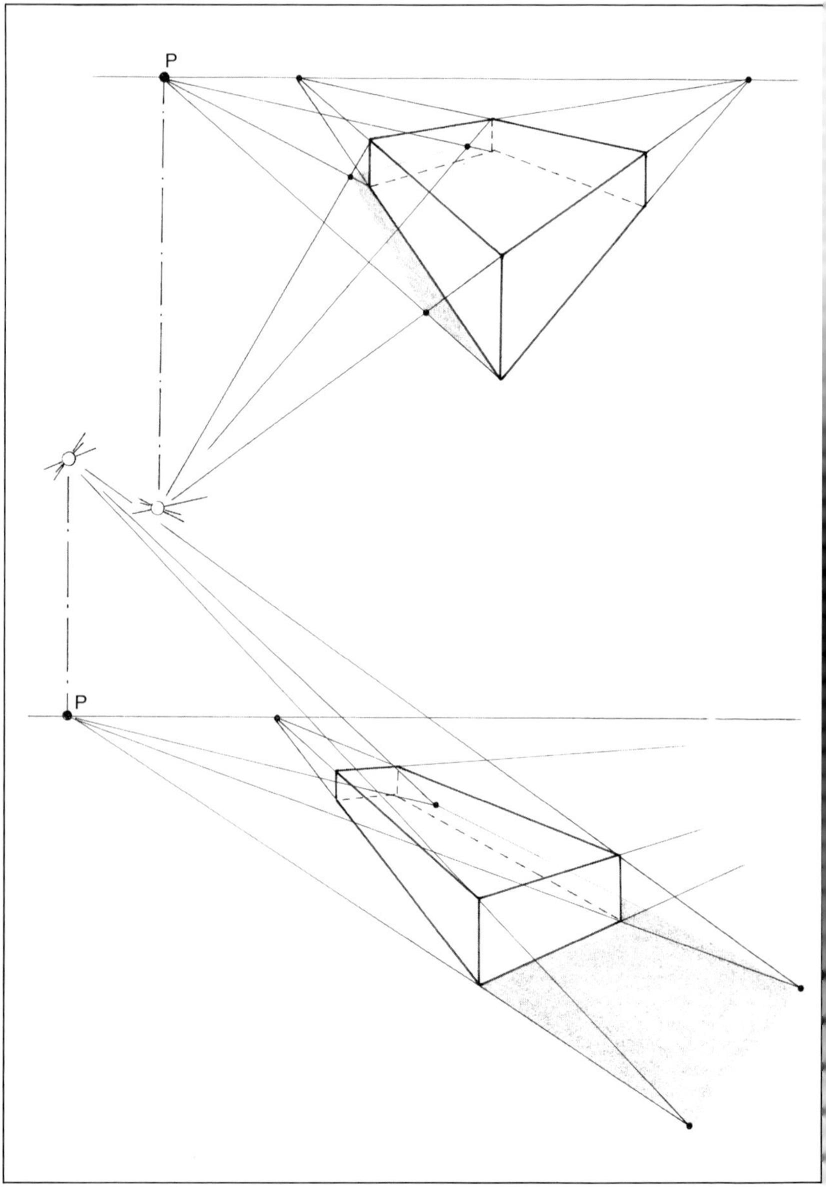
P
P

deutlich wird. Zur Konstruktion werden in diesen Fällen nur die Fluchtlinien notwendig, die sich aus den unteren Eckpunkten des Quaders mit (P) ergeben.
In beidcn Beispielen dehnt sich der Schatten in einer Richtung unendlich aus, was einer besonderen Aussage zum Vorteil gereichen kann. Ähnliche Verhältnisse können eintreten, wenn der Gegenstand zur Sonne so positioniert ist, daß die Lichtstrahlen mit den Basislinien zu (P) divergieren.
Weiterhin kommt es nicht selten vor, daß Objekte aufeinander gestellt sind (Seite 62 und 63). Wieder wird vom selben Konstruktionsvorgang wie in den vorhergehenden Fällen ausgegangen, nur daß der Grundriß des darüberliegenden Objektes auf die Basis des darunterliegenden projiziert werden muß. Danach richtet man sich wieder nach der Neigung der Sonne und nach ihrer Richtung (P), aus der sie auf die Objekte strahlt.
Am einfachsten ist dies veranschaulicht, wenn man die Schatten des darüberliegenden Objektes auf dem projizierten Grundriß zur Basis des darunterliegenden Objektes so einzeichnet, als ob das darunterliegende Objekt nicht vorhanden wäre. Dadurch können nämlich jene Begrenzungslinien des Schlagschattens auf dem darunterliegenden Objekt in einfacher Weise logisch abgeleitet werden. So ergibt sich durch die untere Objektkante (a) mit der Schattengrenze (1) die Schattengrenze (2). Weiterhin erhält man (x) durch die Schattengrenze (3) und (y) durch die Linie (A) - (P) mit dem Lichstrahl durch (C). Dieses (C) erhält man

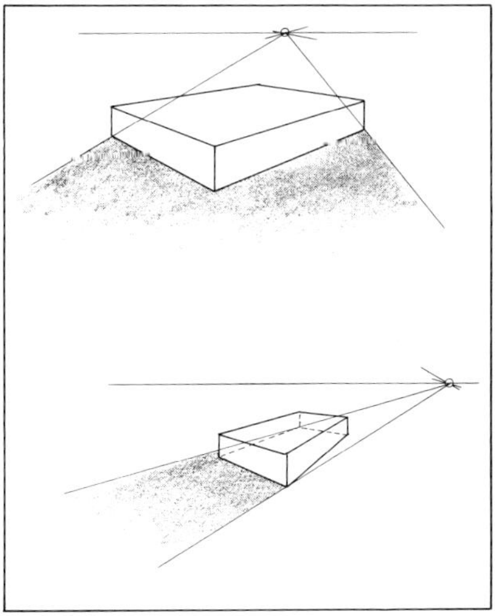

durch eine Senkrechte auf jenem Schnittpunkt, der sich durch (A) - (P) und (b) ergibt.
Ein ähnlicher Fall liegt vor, wenn das obere Objekt vom unteren entfernt einen Schlagschatten wirft (Seite 64). Da die Quader in diesem Beispiel zueinander nicht die gleichen (FP) haben und somit in ihrer Mittelachse zueinander verdreht sind, ist die Basis auf der Auflagefläche des unteren Quaders durch Diagonalen der Grundrisse beider Quader aufzufinden. Fällt man ein Lot vom Mittelpunkt des oberen Quadergrundrisses, so ergibt sich mit der Fluchtlinie des unteren Quadergrundrisses ein Schnittpunkt (Z). Von diesem aus wird eine Fluchtlinie zu einem (FP) des oberen Quaders gezogen und ebenso vom Diagonalschnittpunkt des oberen Quaders aus. Durch das Lot der Schnittpunkte (1) und (2) ergeben sich durch die Fluchtlinie, welche durch (Z) verläuft, weitere

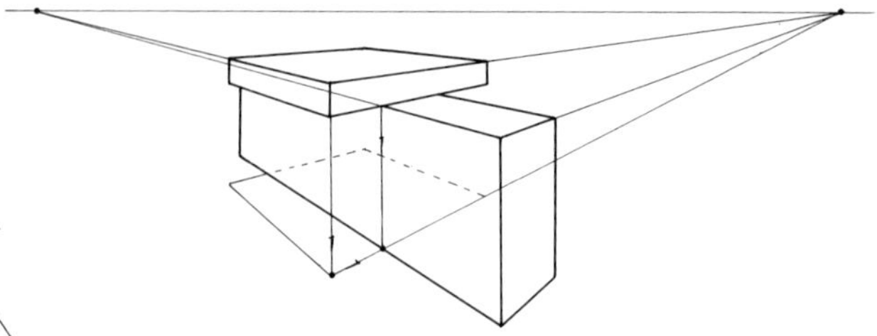

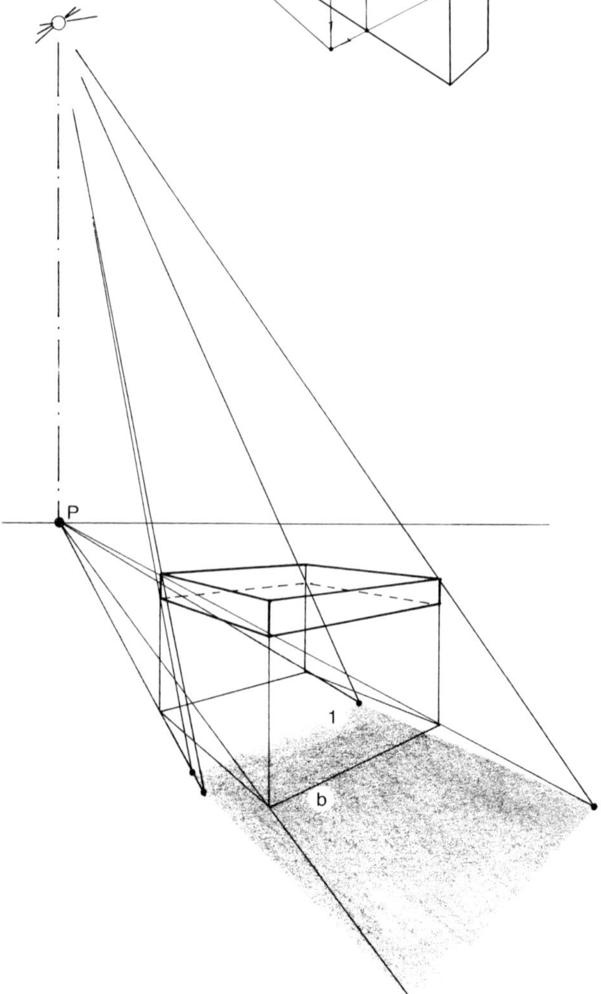
P
1
b

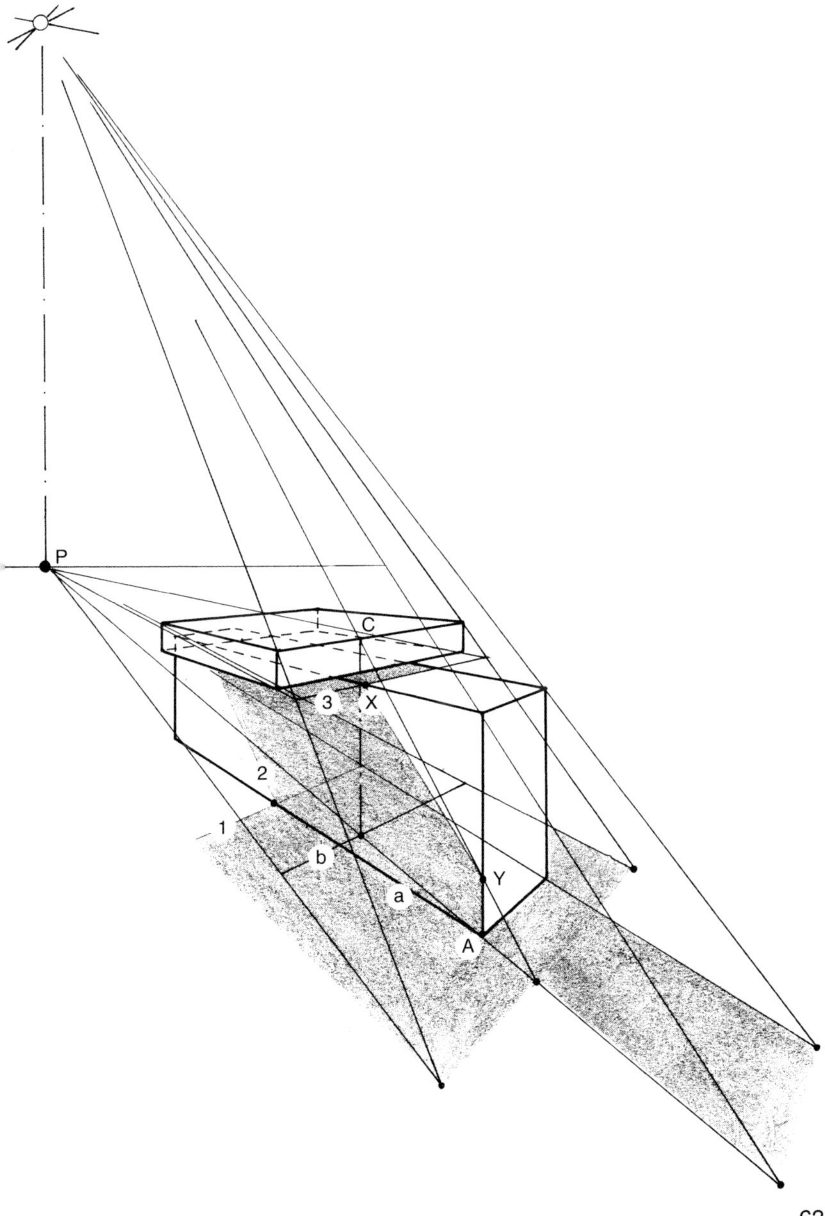
P
C
3
X
2
1
b
a
Y
A

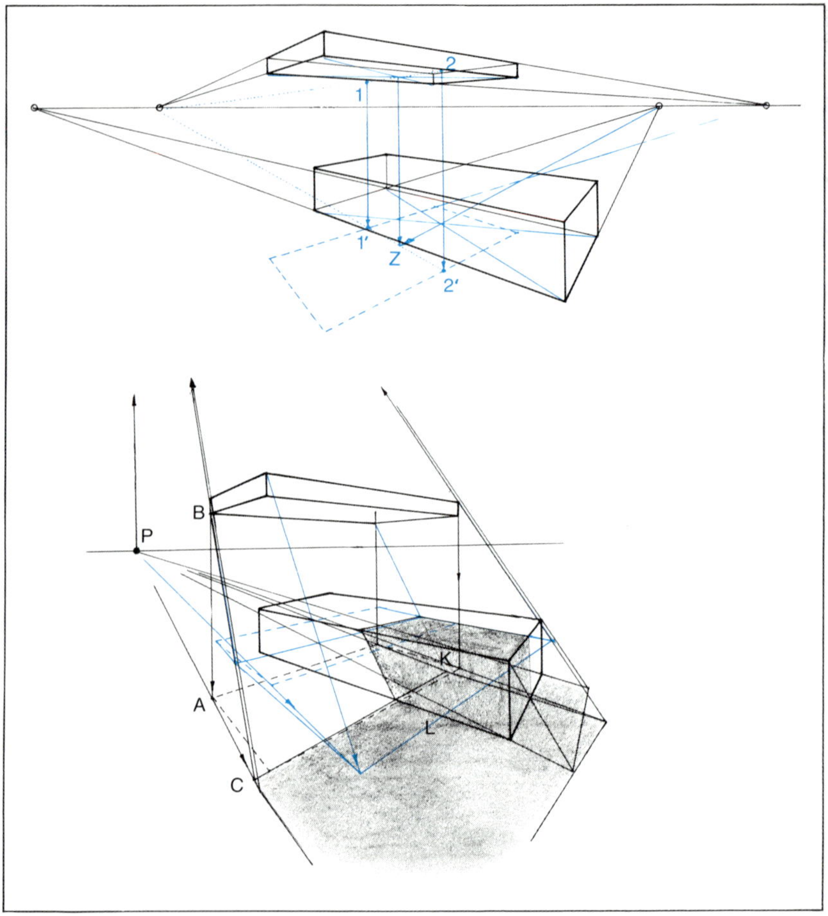

Schnittpunkte: (1′) und (2′). Von diesen aus und mit den jeweiligen Loten der Eckpunkte des oberen Quaders ist dessen Grundriß auf der Ebene der Auflagefläche des unteren Quaders auffindbar (gestrichelte Linie). Die Begrenzungslinien des Schlagschattens – vom oberen Quader hervorgerufen – sind wieder durch die Linien von (P) und von der Lichtquelle aus herleitbar. So ergibt sich beispielsweise der Schnittpunkt (C) durch den Strahl (P) – (A) und durch jenen Strahl, der von der Lichtquelle über den unteren Eckpunkt des oberen Quaders (B) führt.
Zur Feststellung der Schlagschattenbegrenzung auf der Deckfläche des

unteren Quaders wird davon ausgegangen, daß diese in einer Ebene liegt, auf welche der Grundriß des oberen Quaders projiziert werden kann (gestrichelte Linie). Von diesem wieder ausgehend und von den entsprechenden Eckpunkten, ist die Ausdehnung des Schlagschattens auf diese Ebene zeichenbar. Danach ergeben sich durch die Begrenzungslinien der Schlagschatten und auch durch die Kanten (K) und (L) Schnittpunkte, mit welchen der Verlauf des Schlagschattens herleitbar ist.
Die Konstruktion von Schattenpartien bei einer Kugel (↓) kann ziemlich aufwendig sein. Doch im allgemeinen genügt ein einfacher Konstruktionsvorgang: Wird zu einem Strahlenbündel, welches die Kugel beidseitig tangiert, eine Winkelhalbierende gezogen und eine Ellipse durch (1) und (2)

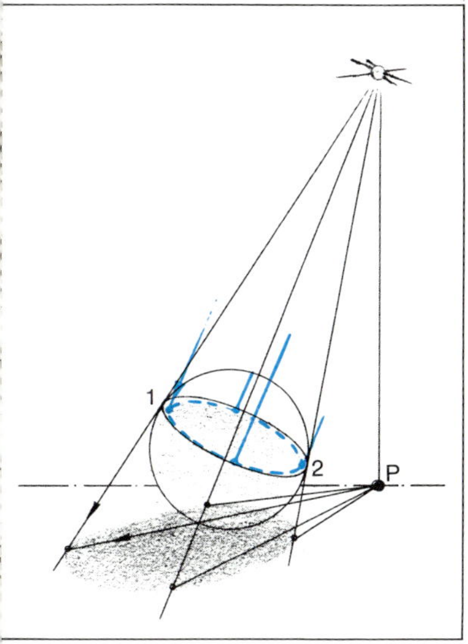

eingezeichnet, so gibt diese nicht nur den Verlauf des Objektschattens an, sondern dient auch zur Festlegung der Schnittpunkte auf der Basis. Mit diesen vier Schnittpunkten und wieder von (P) und von der Lichtquelle ausgehend, kann die Form des Schlagschattens in ihrer Begrenzung leicht hergeleitet werden.

Goldener Schnitt

Nicht nur für Architekten und Designer ist dieses Harmoniegesetz bedeutungsvoll, sondern auch für den Zeichner, und schon gar, wenn es um anatomische Verhältnisse geht. Denn wir selbst mit all unseren Gliedmaßen und Proportionen sind von diesem Harmoniegesetz durchwirkt. So kommt es auch nicht von ungefähr, daß wir jene Dinge um uns als harmonisch empfinden, die nach dem Goldenen Schnitt durchgeformt sind. Auch die Tier- und Pflanzenwelt sind davon berührt.
Dieses Harmoniegesetz, teilweise aus philosophischen Überlegungen im klassischen Griechenland herausgefunden, war auch später immer aktuell: von der Renaissance über das Barock bis hin zum Geist der Romantik. Doch vor allem im klassischen Griechenland begegnen wir einer Architektur, die selbst in ziemlich zerstörtem Zustand viele Jahrhunderte danach immer wieder Bewunderung erfährt. Goethe spricht davon, als ob ihm eine Musik dabei entgegenklingt; und dies absolut nicht aus bloßer Schwärmerei.
Anders in unserem Jahrhundert, wo durch Reizüberflutungen das Auge

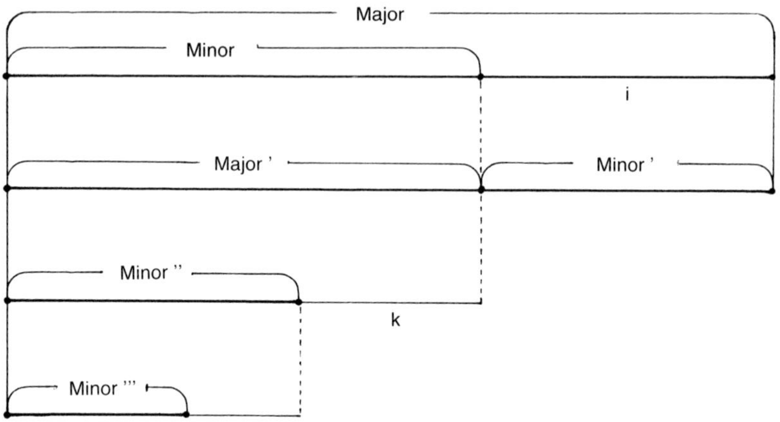
Major
Minor
i
Major '
Minor '
Minor ''
k
Minor '''

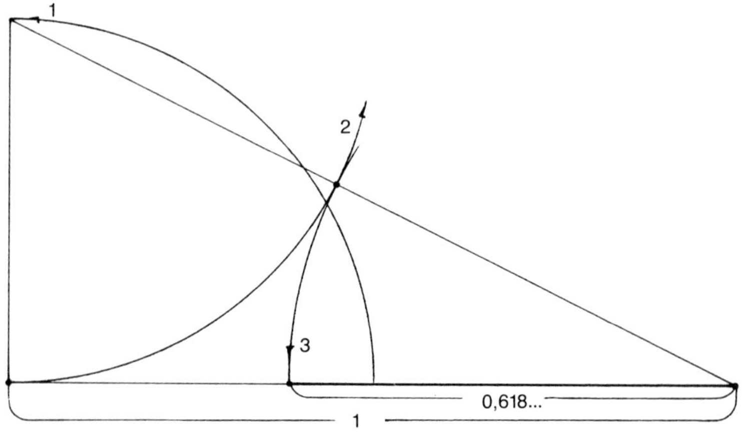
1
2
3
0,618...
1

für derartige Zusammenhänge blind wurde. Zudem herrscht eine Architektur vor, die sich teilweise in nicht zu verantwortender Zweckdienlichkeit »ausbadet«. Denn folgert man aus den derzeitigen Erkenntnissen – dies ist auch belegbar! –, daß kein Mensch unbeeinflußbar bleibt, und daß wir im Unbewußten tausendmal mehr aufnehmen als im Bewußten, so ist dieses Harmoniegesetz durchaus ernst zu nehmen. Denn alle Gegenstände rings um uns, vom Wohnraum bis hin zu einer unbedeutenden Vase, beeinflussen uns unweigerlich. Handeln wir jedoch dagegen, so handeln wir gegen uns selbst, da es ja nicht nur um unser Wohlbefinden geht, sondern auch um die Sinnfindung.

Der Goldene Schnitt geht auf eine stetige Teilung (←) hinaus: Eine Einheitsstrecke wird dermaßen geteilt, daß sich der Major zum Minor so verhält wie Major′ zu Minor′. Wird dieser Major′ nach denselben Proportionsverhältnissen nochmals geteilt, ergibt sich zu diesem ein Minor″ usw. Dazu ergibt es sich, daß die Differenz (i) von Major zu Minor dem Minor″ entspricht, die Differenz (k) wiederum dem Minor‴.

Diese stetige Teilung kann durch mehrere Methoden herbeigeführt werden:

Geometrisch (←) wird von einer Einheitsstrecke (1) ausgegangen. Die Hälfte dieser Einheitsstrecke wird an einem Endpunkt als Senkrechte aufgetragen. Man zeichnet ein rechtwinkliges Dreieck, auf dessen Hypotenuse diese Hälfte übertragen wird. Danach wird dieser so erhaltene Schnittpunkt mit dem Zirkel auf die Einheitsstrecke übertragen, wodurch das Proportionsverhältnis zwischen Major und Minor gegeben ist.

Ferner ist dieser Goldene Schnitt auch mathematisch durch die Lamésche Reihe errechenbar (↓):

$$0.61803 = \cfrac{1}{1 + \cfrac{1}{1 + \cfrac{1}{1 + \cfrac{1}{1 \ldots}}}}$$

Man geht vom letztgenannten Bruch aus und rechnet nach oben hin weiter. Diese Zahl ist auch durch die quadratische Gleichung gegeben:

$$x^2 + x - 1 = 0$$

Darüber hinaus gibt es noch weitere Methoden. Nicht unwesentlich ist, daß der Goldene Schnitt auch dem Fünfeck zugrunde liegt, wie dies mit den Bezeichnungen (M) und (m) bei nebenstehender Zeichnung (↓) ersichtlich wird. So kann dieses Fünfeck auch mit den Proportionsverhältnissen des Goldenen Schnittes

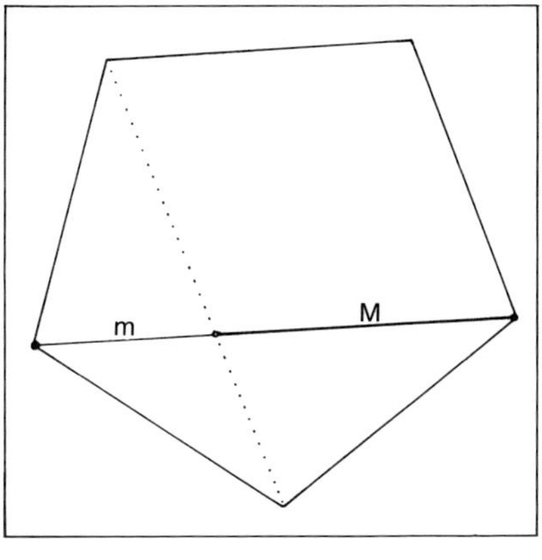

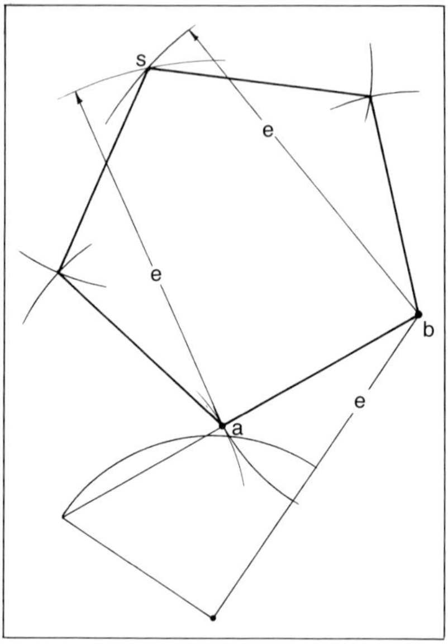

hergeleitet werden (↑). Denn ist eine Seite des Fünfeckes vorgegeben, so dividiert man diese mit dem Faktor 0.618 ... Man erhält dadurch einen Wert, welcher die Länge der Einheitsstrecke (e) angibt. Von den Endpunkten (a und b) einer Kantenlänge des Fünfeckes wird die Einheitsstrecke (e) beidseitig zu einem Schnittpunkt (s) geführt, von welchem aus die Kantenlänge links- und rechtsseitig abgetragen wird. Zu diesen Kreisbögen werden von den Endpunkten (a und b) jener Kante, von der ausgegangen wurde, ebensolche Radien eingezeichnet. Die Schnittpunkte, die sich bei den Kreisbögen ergeben, bilden die gesuchten Ecken des Fünfecks.
Dieses Fünfeck kommt in der Natur recht häufig vor. So ist es bei Blüten und Blättern zu finden (→).

Auch bei einzelnen Verästelungen eines Pflanzentriebes kommt der Goldene Schnitt vor (↓). Vor allem bei der Anatomie des Menschen gibt es hierfür viele Beispiele, wovon nur einige genannt sind: Multipliziert man die Körpergröße mit dem Faktor 0.618..., so liegt der Nabel im Verhältnis zum Goldenen Schnitt.
Diese selben Major-Minor-Verhältnisse ergeben sich auch beim Unterarm, mißt man vom Ellenbogen bis zur Spitze des Mittelfingers und zum Handgelenk. Ebenso wird der Abstand vom unteren Nasenrand zum Kinn durch die Mundspalte im selben Verhältnis geteilt. Oder mißt man die Fingerglieder, so verhält sich das obere Fingerglied zum mittleren wie dieses wieder zum kleinen (↓) usw.

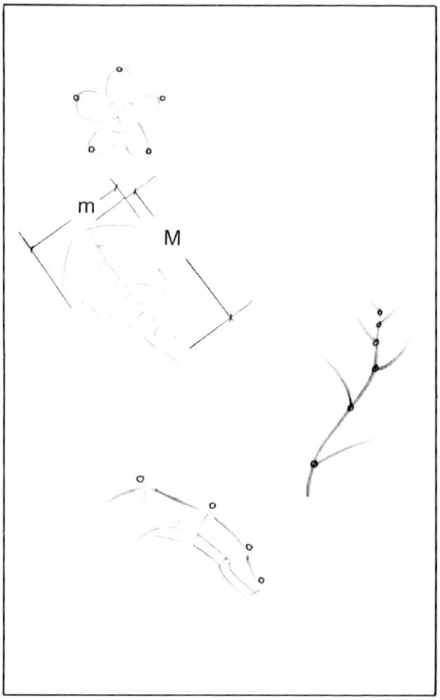

Anatomische Verhältnisse

Der Körper des Menschen

Von allem, was die Natur geschaffen hat und was es auf Erden gibt, ist für uns nichts vordergründiger als der Mensch. Er kann uns das Höchste an Glück und Zuversicht geben, aber auch viele Ärgernisse bereiten.
Bei historischen sowie derzeitigen Gemäldesammlungen ist die Menschengestalt immer gegenwärtig. Ebenso spielt sie eine wesentliche Rolle bei Illustrationen, in Zeitschriften und vor allem bei der Werbung. Außerdem ist die Forderung der Kunst- und Könnerschaft nicht ohne weiteres vom Tisch zu kehren, wenn es heißt, daß jener weder Zeichner noch Maler ist, der nie versucht hat, einen Akt oder ein Porträt wirkungsvoll hervorzuheben.
In der Vorgehensweise ist ähnlich zu verfahren wie bei Gegenständen. Nach skizzenhaft dargelegten Proportionsverhältnissen wird das Räumliche hervorgehoben und anschließend in Details der Muskulatur übergegangen. Anders zu verfahren, etwa abzeichnerisch eine bekleidete Figur erfassen zu wollen, ohne über anatomische Verhältnisse Bescheid zu wissen, ginge auf einen Dilettantismus hinaus, der sich in jeder Hinsicht gefährlich auswirken würde; selbst wenn darin Faltenverläufe noch so gelungen aussehen. Was nützt es, wenn die ganze Figur einem Verwachsenen oder Verkrüppelten gleicht? Ist doch jede menschliche Figur in einzelnen Haltungen, vor allem bei einem Bewegungsablauf, von einem gegenläufigen Kräftespiel durchwirkt, wie noch zu sehen sein wird. Ungeachtet dieser grundsätzlichen Kriterien kommt und kam es immer wieder vor, daß beispielsweise unter Mißachtung von Spiel- und Standbein Figuren wie zum Umfallen aussehen. Auch bei manchen historischen Zeichnungen und Gemälden ist oft zu sehen, wie einzelne Gliedmaßen in keiner Weise den anatomischen Verhältnissen des Körpers entsprechen usw.
So ist es also notwendig, über das Knochengerüst und über die Muskulatur Bescheid zu wissen. Doch würden diese Kenntnisse allein für eine räumliche Auslegung nicht genügen, um auch schwierig zu bewältigende Verkürzerungen zum Ausdruck kommen zu lassen, daß z. B. die Figur »wie zum Anfassen« vor einem steht. Aus diesem Grund wird hier ebenfalls das →Durchformen zu Hilfe genommen.
In jeder Altersstufe ist der Körperbau ständigen Veränderungen unterworfen. Deshalb ist es günstig, vom Kulminationspunkt der körperlichen Kräfte auszugehen, um darüber Ausschau zu halten, wohin sich die anatomischen Verhältnisse optimal bewegen. Geht man nämlich von den sportlichen Leistungen aus, so sind sie um das achtzehnte und teilweise um das zwanzigste Lebensjahr am stärksten. Ebenso von der geistigen Aufnahmefähigkeit und vom Reaktionsvermögen her liegen in diesen Jahren die Leistungen gegenüber früheren oder späteren Lebensaltern vorne an. An Reife fehlt es allerdings einem jugendlichen Menschen, was ganz und gar natürlich ist, da er an die Lebenserfahrung und der damit

gewonnenen Überschaubarkeit eines Älteren nie heranreichen kann. Es lassen sich aber, je nach Tätigkeit des einzelnen, geistige und körperliche Alterserscheinungen mindern. Doch der Satz: »Was Hänschen nicht lernt ...« nimmt mit zunehmendem Alter an Wahrheit zu. Dabei ist auch noch interessant, daß die Empfindlichkeit bei einem Baby sehr intensiv ist, im jugendlichen Alter schwächer wird, und im höheren Alter wieder zunimmt. Ähnlich ist es mit der Geschlechtsbezogenheit, die sich bis um das achtzehnte Lebensjahr voll ausprägt, um sich im höheren Alter wieder zu verflachen. Dies fällt besonders auf bei sehr alten Lebenspartnern, bei denen die Geschlechtsbezogenheit zugunsten des Persönlichen in den Hintergrund rückt.
Ebenso bleibt die Körpergröße ab dem besagten Kulminationspunkt nicht konstant. Denn das allmähliche Schwinden der körperlichen Kräfte hat auch ein Kleinerwerden – wenn auch nur geringfügig – zur Folge, so daß es durchaus üblich sein kann, daß schon ein Dreißigjähriger nicht mehr so groß ist, wie er es mit zwanzig war. Außerdem nimmt das Körpervolumen dabei zu, vor allem im Gesäßbereich bei Frauen. Bei weiteren Alterserscheinungen, wie Abmagerungen, treten wieder andere Proportionen ein: dünne Beine bei sehr alten Männern usw. Auch die einzelnen Sehnen treten dabei stark hervor, welche man bei älteren Menschen sehr gut studieren kann.
Da nun die Gliedmaßen zueinander und auch in sich selbst im →Goldenen Schnitt liegen, und man mit dem Faktor 0.618 ... bezüglich einzelner Teilungen umständlich hantieren müßte, kann ausnahmsweise bei der Gesamtgröße der menschlichen Gestalt von acht Kopflängen ausgegangen werden; obwohl er, genauer gemessen, üblicherweise durch ca. sieben Kopflängen bestimmt ist. »Üblicherweise« deshalb, weil es keinen »normalen« Menschen gibt und weil er sich auch – Gott sei Dank – nicht in eine absolute Norm einordnen läßt.
Auf die unterschiedlichen Geschlechter wird später eingegangen. Ausgegangen wird erst einmal von der männlichen Gestalt, und zwar wegen der ausgeprägten Muskulatur, wodurch anatomische Verhältnisse leichter erfaßbar sind. Von acht Kopflängen ausgehend, ist die Länge der gesamten Gestalt leicht in acht Teile teilbar: Man nimmt davon erstmal die Hälfte, unterteilt diese beiden Hälften wieder usw. (Seite 71). Den Kopf braucht man danach nur etwas größer zu gestalten, um auf ca. sieben Kopflängen zu kommen. Dabei liegt die Breite der Gestalt bei etwa drei Kopfbreiten.
Will man jedoch vom Zeichnerischen her schmeicheln, kann man eine Figur jünger erscheinen lassen, indem der Kopf größer gestaltet wird (→). In übertriebener Form kommt dabei ein Kind heraus, wobei jedoch wiederum andere Maßstäbe gelten! Denn bei einem Kleinkind entsprechen der Körpergröße etwa vier Kopflängen, wobei auch die Beine zur Gesamtgröße anders proportioniert sind als beim ausgewachsenen Menschen. Zudem ist ein Kleinkind rundlicher, ein achtjähriges Kind dagegen wirkt dünn usw. Aus all diesen Gründen ist

Der Körper

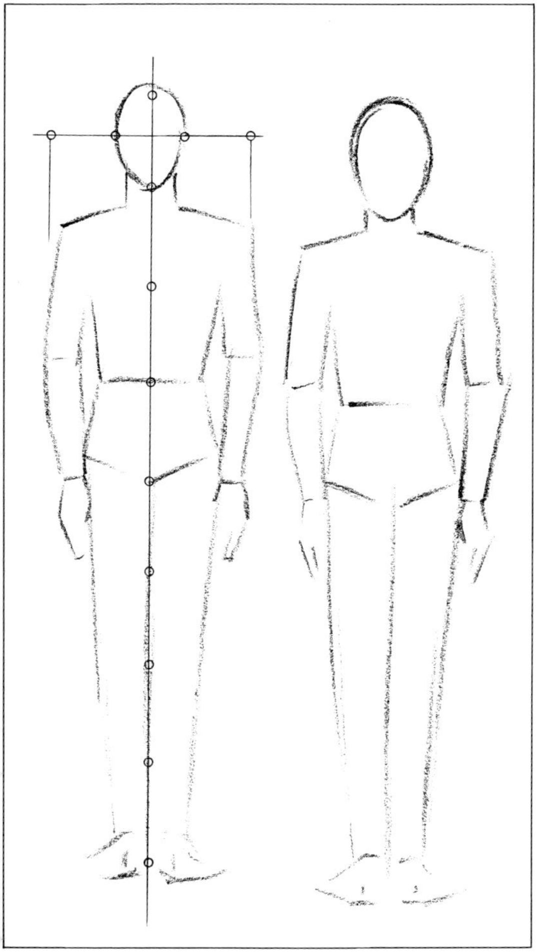

de sind viel zu klein, der Hals ist zu dünn. Die Größe der Hand wird immer wieder unterschätzt. Legt man jedoch die Hand so auf das Gesicht, daß sie vom Kinn bis zur Stirne reicht (Seite 72), ist ihre Größe leicht erfühlbar.
Außerdem wird beim ausgewachsenen jugendlichen Menschen oft der Querschnitt der Arme zu klein angesetzt oder der Körper zu beleibt dargestellt, wie dies bei der zweiten Figur sichtbar ist.
Dieser Figur gegenüber ist bei der dritten ein starkes Idealisieren bemerkbar. Diese Idealvorstellungen sollte man nach Möglichkeit ausschließen, genügt doch der Umstand, daß sie sich allein schon vom Unbewußten her bemerkbar machen. So ist beispielsweise bei Kreuzgängen in Kirchen oft zu sehen, daß die dargestellten Figuren dem Maler, Bildhauer oder wem auch immer ähnlich sind. Anders

es ratsam, von einem ausgewachsenen Menschen auszugehen.
Um Proportionen besser zu erkennen, sei zunächst auf einige Fehler hingewiesen, die bei den ersten Versuchen auftreten (Seite 72 und 73): Bei der ersten Figur ist einer der üblichsten Fehler bemerkbar: die Hän-

wieder bei begabten Zeichnern, welche durchaus unterschiedliche Charakterzüge eindeutig sichtbar werden lassen können, wenngleich die persönliche Handschrift dabei lesbar ist. Die dritte Figur gleicht jedenfalls einer Idealvorstellung, wie wir sie aus der ägyptischen Geschichte kennen.

Anatomische Verhältnisse

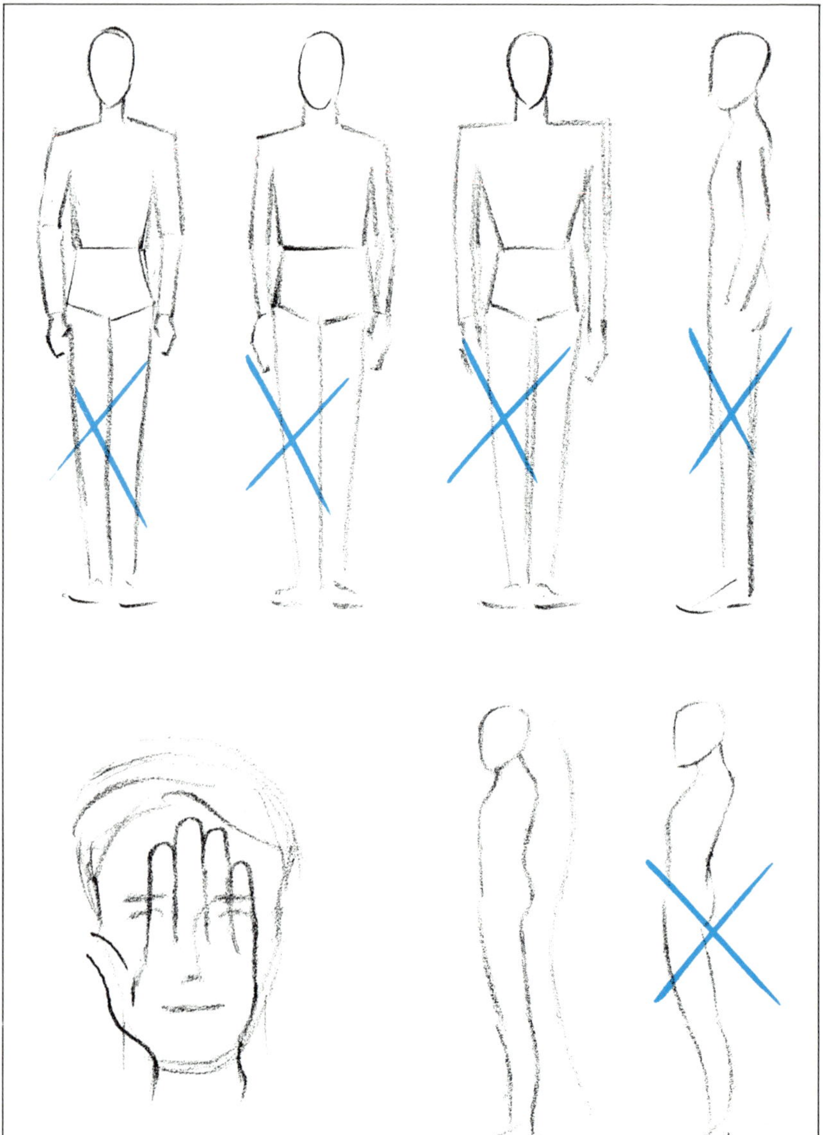

Der Körper

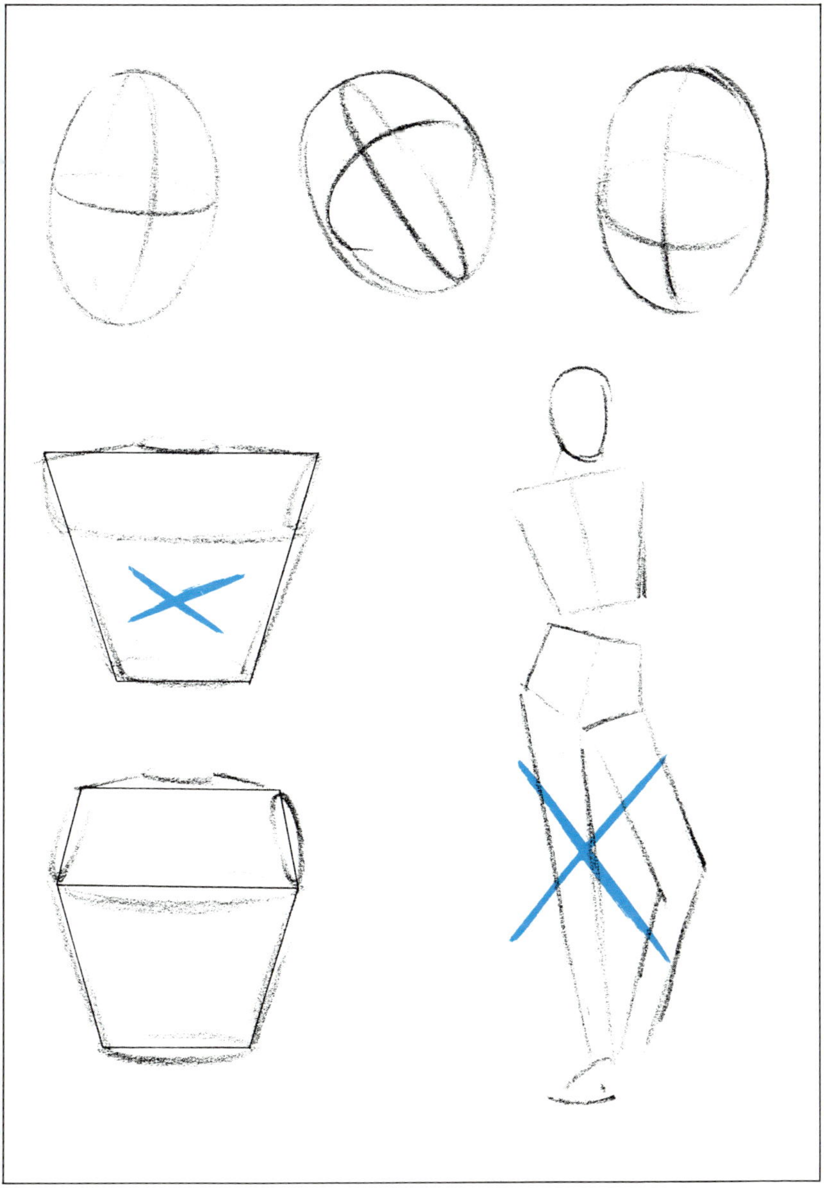

Im übrigen bedenke man auch, daß es keiner dieser frühen Kulturen gelungen ist, eine Ausgewogenheit bei der Darstellung des menschlichen Körpers so vortrefflich hervortreten zu lassen, wie dies in der Blütezeit des klassischen Griechenland der Fall war. Was die steife Armhaltung betrifft, so hat diese in der ägyptischen Kultur einen sinnreichen Grund. Doch von der natürlichen Armhaltung her – das trifft auch für alle anderen Glieder zu wie überhaupt für den ganzen Körperbau – verläuft nichts geradförmig.
Die Haltung der vierten Figur ist selbst bei militärischem Strammstehen nicht einhaltbar. Bei genauer Betrachtung kippt sie nach hinten um.
Es kommt nicht selten vor, daß Eltern ihr hochgeschossenes Kind zum Geradestehen ermahnen, damit es nicht dasteht wie ein Fragezeichen. Und doch ist die Gleichgewichtshaltung von einer leichten Fragezeichenform durchwirkt, natürlich nicht im übertriebenen Sinne (Seite 72↘).
Es empfiehlt sich, mit sehr vielen Übungen Proportionen in den Griff zu bekommen, bevor man zum nächsten Schritt, den räumlichen Wirkungen, übergeht. Sie sind sehr entscheidend, wenn es um Eindeutigkeit gehen soll. Dabei jedoch als Anschauungsmaterial die im Handel erhältlichen Holzfiguren zu nehmen, ist überflüssig und zudem noch teuer. Denn es läßt sich mit ihnen nichts anfangen, weil die einzelnen Gliedmaßen weder in einem anatomischen Verhältnis zueinander stehen noch in ihrem symmetrischen Aufbau den Körperteilen entsprechen. Auch sind jene Schulen nicht sinnvoll, die nur Quaderformen bevorzugen und mit diesen die Körperteile umschreiben. Wesentlich günstiger ist es, von Formen auszugehen, die sich den Körperteilen anschmiegen (Seite 73, 75 und 76). Deutlich ist ersichtlich, wie die Räumlichkeit vor allem durch die unterschiedlichen Ellipsen zum Tragen kommt, und wie diese durch Tonwertunterschiede beim →Durchformen die Räumlichkeit unterstützen (vgl. Seite 39).
Solche Grundformen mit den dazugehörigen Ellipsen lassen sich leicht in jede gewünschte Position bringen (Seite 78 bis 80). Der Brustkorb darf aber dabei nicht von der Sicht eines einzigen Trapezes ausgehen, sondern er ist anatomisch aus zwei regulären Trapezen heraus anzusehen (Seite 73↙), da sonst die Schultern zu breit hervortreten.
Bei der natürlichen, entspannten Haltung eines stehenden Menschen treten die Zusammenhänge zwischen Standbein und Spielbein stechend hervor. Dabei ist das gesamte Körpergewicht auf das Standbein verlagert darzustellen, und zwar dermaßen, daß das Gewicht beim Rist des Fußes aufgenommen wird (Seite 75). Außerdem fällt auf, daß eine gegenläufige Bewegung der Schultern und Hüften vorliegt. Denn auf der Standbeinseite senkt sich die Schulter, und die Hüfte hebt sich. Umgekehrt hebt sich auf der Spielbeinseite gegensätzlich zum Senken der Hüfte die Schulter. Auch bei allen anderen Körperhaltungen sind solche gegenläufigen Bewegungen zu erkennen (Seite 78–80).
Bei dem Verhältnis zwischen Stand- und Spielbein kann von zwei Trape-

Der Körper

zen ausgegangen werden, die zueinander nicht in einer gemeinsamen Mittelachse liegen (↑). Es ergeben sich zwei Mittelachsen, die nicht zu sehr voneinander abgelenkt sein dürfen, um die Figur nicht übertrieben manieristisch ausfallen zu lassen (Seite 73↘); völlig im Gegensatz zur obigen Figur.
So spielt also das skizzenhafte Anlegen einer Figur eine wesentliche Rolle, die weitgehend überprüft werden sollte, bevor zum räumlichen Gestalten übergegangen wird. Vorteilhaft ist dabei ein Spiegel, durch den in der Seitenverdrehung mancher Fehler erkannt wird, der einem sonst nicht ins Auge fällt.
Vom Räumlichen her muß die Figur von einer Ganzheit gesehen werden, die nicht nur auf Proportionsverhältnisse hinausläuft, sondern auch auf die Lage einzelner Körperteile. Eine Figur, soll ihre Vorderansicht erfaßbar werden, muß auch von der Seitenansicht bekannt sein. Denn aus dieser Sicht wird (Seite 76) erkennbar, daß durch die gesamte Gleichgewichtshaltung der Oberkörper leicht schräg zu liegen kommt. Dadurch sieht der Brustkorb aus, als werde er – von der Vorderansicht aus – etwas von unten her gesehen. Dies augenscheinlich zu machen, geschieht mit unterschiedlicher Betonung der einzelnen Ellipsen. Sie ergeben hierbei (↖) eine ganz andere Räumlichkeit, als dies bei der vorhergehenden Darstellung der Fall war (Seite 73). Denn nun ist die Unterseite des Brustkorbes etwas nach vorne geneigt, das Gesäß nach hinten usw.
Vergleicht man hiermit die linke Skizze (↖), so wird vor allem hinsichtlich des Spielbeines und der Arme deutlich, wie diese gegenüber der vorausgehenden skizzenhaften Erfassung

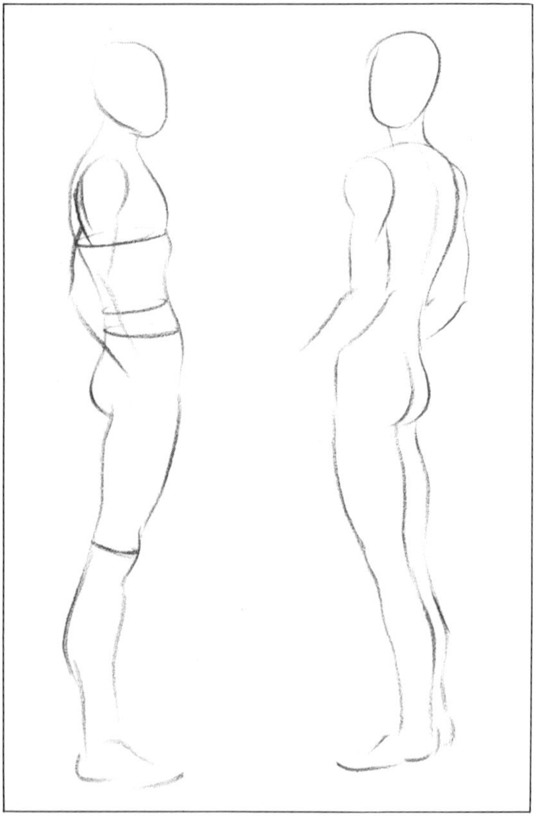

können (Seite 80). Denn würde man nur von den sichtbaren Falten ausgehen, kommt es nicht selten vor, daß diese hinsichtlich der Gesamtgestaltung einer Figur so irritieren können, daß einzelne Stellen eingedrückt oder die Gesamthaltung schief erscheint.
Auf den Seiten 78 bis 80 ist die Methode des schrittweisen Vorgehens in einzelnen Fällen dargestellt, und wenn bei endgültigen Ausführungen – beispielsweise auf den Seiten 18 und 19 – noch Konstruktionslinien zu sehen sind, so tut dies gegenüber der Aussagekraft keinen Abbruch!
Außerdem ist neben diesen räumlichen Wirkungen entscheidend, daß die Geschlechtsunterschiede deutlich zum Ausdruck kommen.

erst durch das räumliche Gestalten wirksam hervortreten: Eindeutig wird die Haltung der Arme, ebenso eindeutig tritt der Oberschenkel des Spielbeines hervor. Diese räumliche Durchgestaltung bietet in jeder Hinsicht einen großen Vorteil. Denn nicht nur die Muskulatur ist durch solche vorgegebenen Formen leichter zu gestalten. Auch bei einer bekleideten Figur ist diese Grundformgebung ausschlaggebend, um Faltenwürfe funktionsgerecht hervorheben zu

Geschlechtsmerkmale

Oft höre ich Klagen von meinen Schülern, woran es nur liege, daß die geliebte Freundin beim Porträtieren immer so männlich herauskommt oder der Sohn so weiblich usw.
Nun, es ist allzu natürlich, daß bei jedem Menschen gewisse Hormonvermischungen vorliegen, die sich ganz unterschiedlich auswirken. So kann es Mädchen geben, bei denen durch

Geschlechtsmerkmale

ein robustes Verhalten nichts von der weiblichen Zierlichkeit zu spüren ist, und wiederum Männer, die feinsinniger sein können als Frauen usw. Dies kommt nicht selten vor. Und so liegt es auch klar auf der Hand, daß sich manche dieser Tendenzen äußerlich auf den Körper – vor allem, was den Gesichtsbereich betrifft – auswirken können. Natürlich heißt das nicht, daß sich eine typisch männliche Wesensart durch kraftstrotzende Muskeln offeriert oder ein zartfühlendes Mädchen durch eine zierliche Figur. Dies kann sogar oft sehr gegenteilig aussehen, da noch andere Komponenten eingerechnet werden müssen. Jedoch ist es gestalterisch möglich, hierbei Änderungen vorzunehmen, indem man sich die typischen Geschlechtsmerkmale vergegenwärtigt und sie entsprechend bei den Menschen, die man zu zeichnen beabsichtigt, anwendet.

Charakteristisch ist vor allem der Gesäßbereich, wobei in der graphischen Darstellung (↓) deutlich wird, daß beim weiblichen Geschlecht eine Birnenform vorliegt und beim männlichen eine Apfelform. Dazu verläuft die Form der männlichen Beine nicht so konisch wie bei Frauen. Außerdem tritt die Ausprägung des Gesäßes bei der Frau stärker hervor. Allgemein ist festzustellen, daß die maskuline Gestalt kantiger, die feminine rundlicher hervortritt. Weiterhin ist der Hals in maskuliner Form kürzer und breiter, in femininer lang und schmal. Dazu ist der Kopf des Mannes größer als der der Frau, und danach richtet sich auch die Größe der Hände (Seite 72). Weitere Polaritäten (unter vielen) sind zu berücksichtigen: breite und schmale Schultern, großer und kleiner Armquerschnitt, unausgeprägte und ausgeprägte Taille, lange und kurze Arme. Auf den Seiten 78 bis 80 sind diese charakteristischen Merkmale veranschaulicht. Vergegenwärtigt man sich die Form der Brust, so ist sie nicht nach vorne zu, sondern schräg nach außen gerichtet (↓).

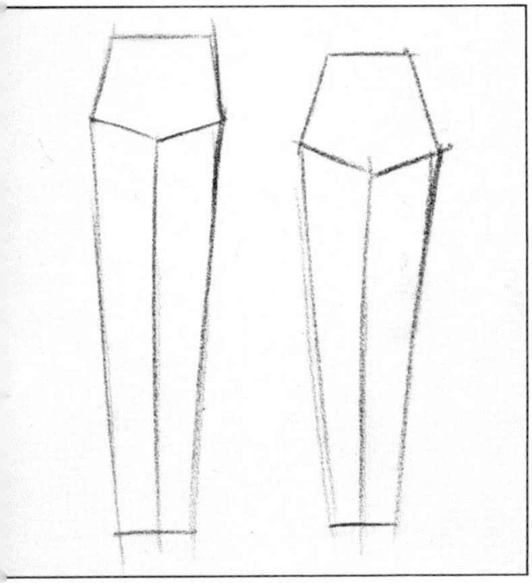

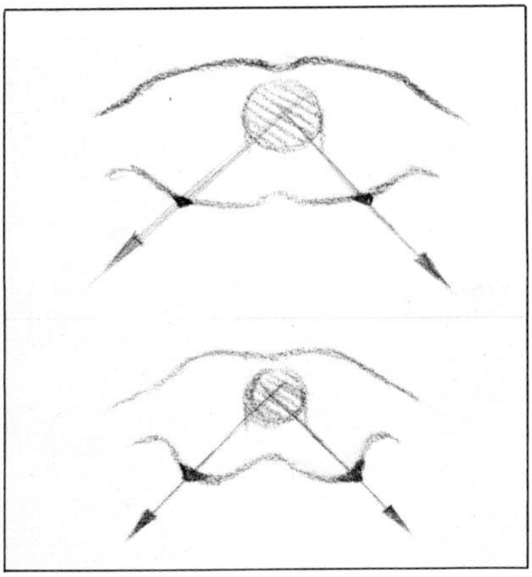

Anatomische Verhältnisse

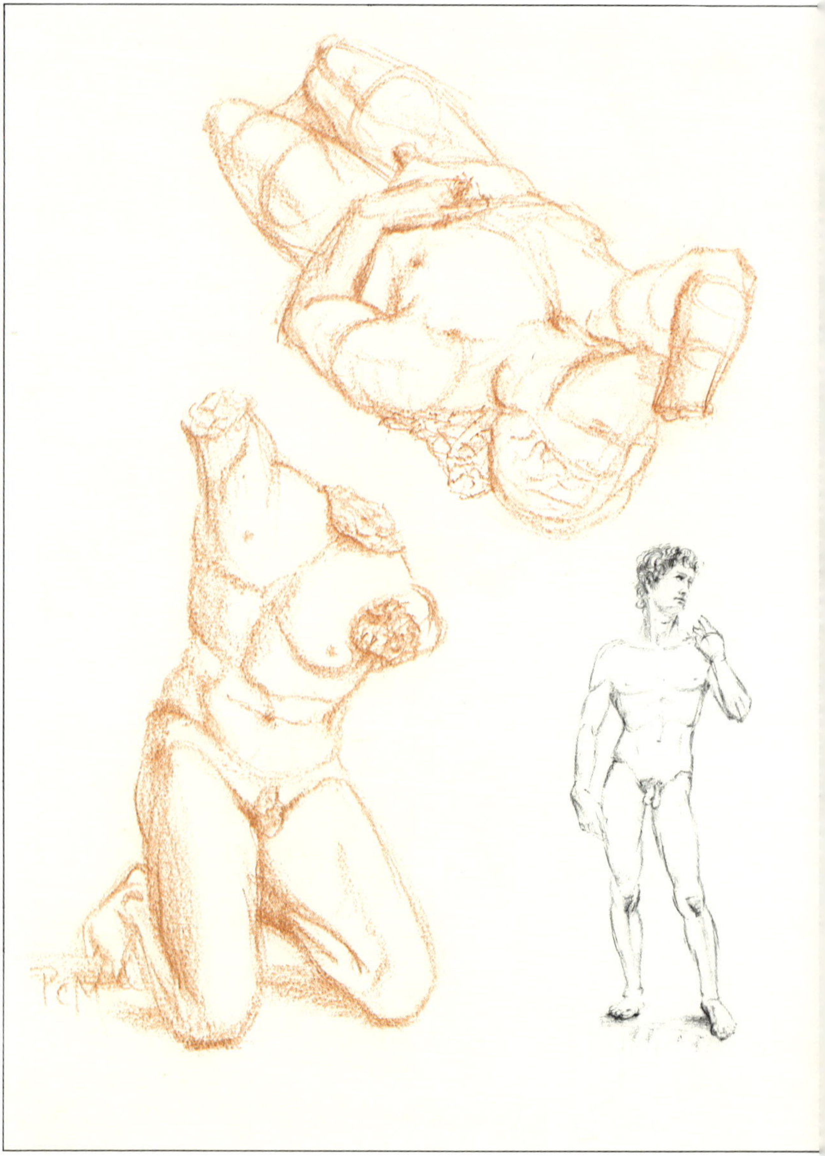

Rötel

Geschlechtsmerkmale

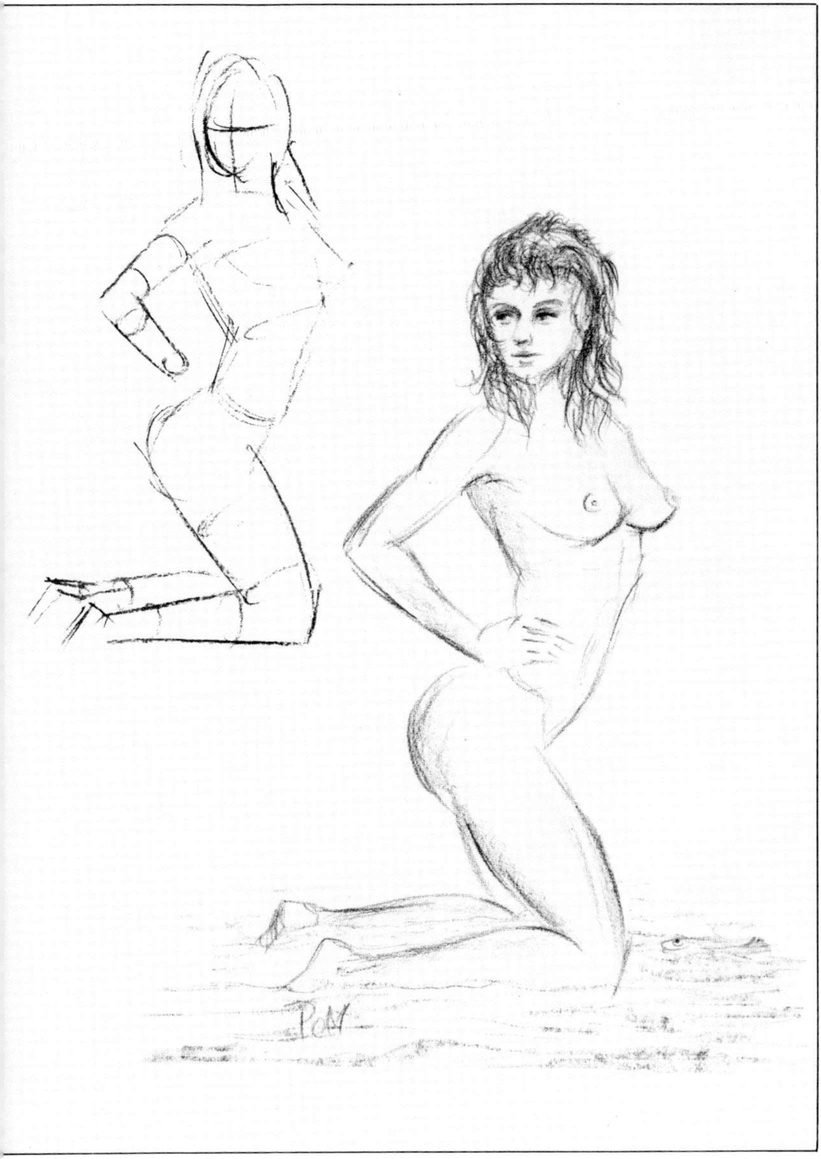

Bleistift

Bleistift

Porträt

Genau genommen ist hierfür alles im →Goldenen Schnitt geteilt, was jedoch – nicht übergangen – aber vereinfacht dargestellt werden kann. Hinzu kommt, daß es vor allem auf die Treffsicherheit einzelner charakteristischer Merkmale ankommt. Doch vorher ist es wesentlich, sich die grundlegenden Proportionen zu veranschaulichen (↓). Anschließend

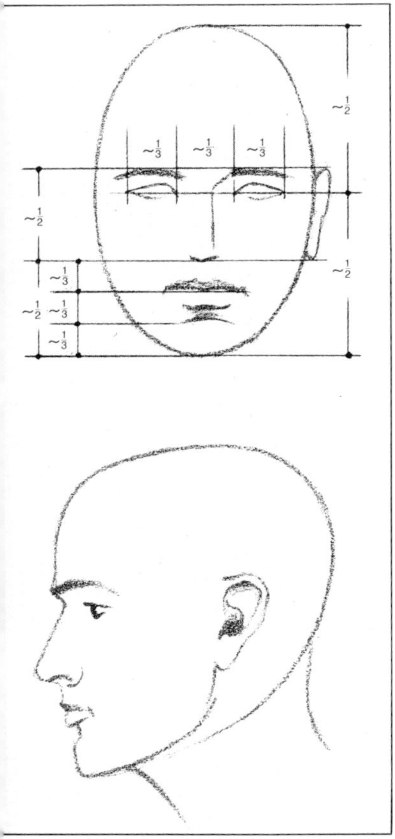

sollte man sich die Form einzelner Gesichtsteile vergegenwärtigen (Seite 82).

Das Auge – wohl der intensivste Ausdrucksteil – ist so zu gestalten, daß die Augapfelwölbung räumlich erkennbar wird, ebenso die Augenhöhlen. Die Form der Augöffnung ist im Einzelfall verschieden und muß durchaus nicht manchen Romanbeschreibungen einer Mandelform entsprechen. Im Gegenteil! In den meisten Fällen ist das Auge wesentlich feinsinniger geformt. Dabei tangiert die Pupille das obere Lid. Andernfalls kommt ein schreckhafter Blick heraus, wie aus den abgebildeten Augenpaaren zu sehen ist.

Die Nase als eines der ausgeprägtesten Gesichtsteile besteht aus mehreren Knorpeln und kann ziemlich verschiedenartig aussehen, wobei sich die unteren Knorpel mit den Gesichtsmuskeln mitbewegen, je nach Ausdruck eines Lächelns oder Ärgerns.

Noch beweglicher ist die Mundpartie, welche sich je nach Gemütsverfassung vielseitig ändern kann. Beachtenswert ist neben den unterschiedlichen Formen der Ober- und Unterlippe auch der Mundwinkel. Das Kinn kann ebenso verschiedene Formen annehmen: mit Grübchen oder ohne usw.

Das Ohr besteht aus mehreren Knorpeln, wobei die Länge dem Abstand zwischen Augenbrauen und unterer Nasenkante entspricht. In seiner Form kann man es in drei Teile teilen, wonach man es anschließend weiter ausführt. Zur besseren Veranschaulichung einzelner Zusammenhänge wurden bei den Abbildungen hierfür

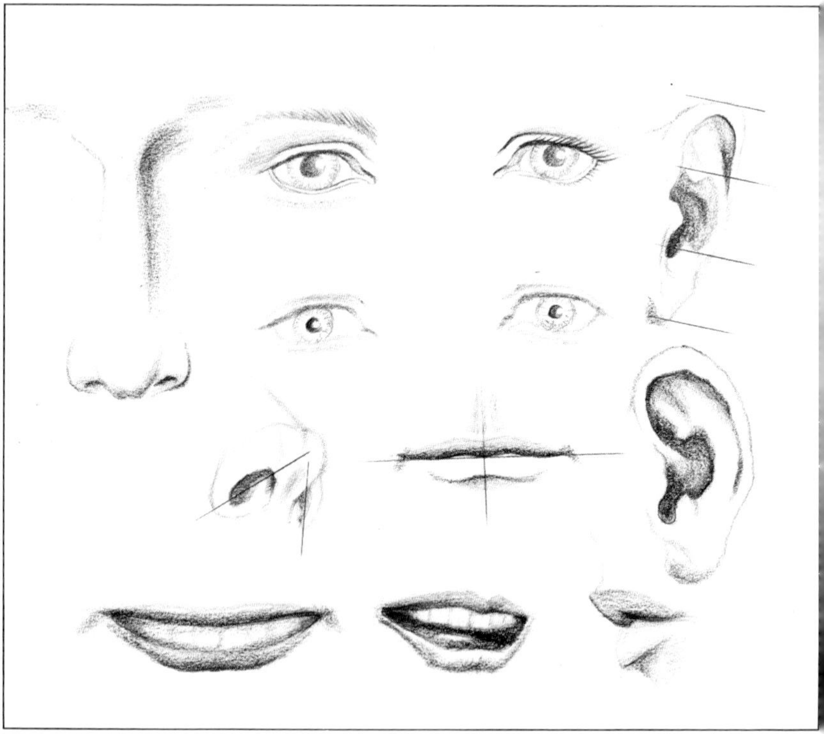

manchmal konstruktive Basislinien eingezeichnet (↑).
Gegenüber dem figürlichen Ausdruck spiegeln sich im Gesicht Charakterzüge, welche von der gegebenen Geschlechtsbezogenheit häufig abweichen. Außerdem gibt es bei jedem Menschen eine feminine und maskuline Gesichtshälfte, deren Unterschied mal schwächer oder mal stärker hervortritt. Aus allen diesen Tatsachen heraus ist es notwendig, sich die Polarität maskulin-feminin zu vergegenwärtigen (Seite 83), selbst dann, wenn dies nicht immer der Wirklichkeit entspricht.

Ein kantiges Gesicht steht einem rundlichen gegenüber, geradlinig buschige Augenbrauen stehen im Gegensatz zu geschwungenen. Typisch männliche Augen sind sehr klein, typisch weibliche sehr groß, wobei im ersteren Fall die Augen auch tiefer liegen. Dazu ist die maskuline Nase ausgeprägter und geradliniger als die feminine, welche klein und leicht konkav gekrümmt ist, wodurch die Nasenspitze etwas nach oben gerichtet ist. Der typisch männliche Mund ist breit gezogen und ausgeprägt, der weibliche kleiner und runder; vor allem bei der Form

der Unterlippe macht sich der Unterschied bemerkbar. Weiterhin ist das maskuline Kinn kantig und groß, dem Mund entsprechend, das feminine klein und rundlicher.
Da der Kopf sehr oft aus verschiedenen Blickwinkeln gestaltet wird, ist die Grundform eines Ellipsoides vorzuziehen. Die dazugehörigen Ellipsen bestimmen die Kopflage und dienen als Basislinien für Augen und Mund, damit diese zueinander nicht schief zu liegen kommen (Seite 84). Diese Vorgehensweise ist auch dann vorzunehmen, wenn der Mund gegenüber der Augenpartie, beispielsweise durch ein Lächeln oder durch was auch immer, eine andere Form hat. Hinterher lassen sich solche charakteristischen Merkmale dann leichter durchführen.

In allem sollte man sich auf das Notwendigste beschränken. Denn wenn etwa jede Falte eingezeichnet wird, wirkt ein Gesicht schnell überstrukturiert. Ebenso ist mit Schattierungen sparsam umzugehen, da sich sonst unliebsame Erscheinungen ergeben können; das trifft auch für Aktdarstellungen zu. Bei dem Gesicht (auf Seite 88) beispielsweise vermutet man, daß es mit Öl verschmiert sei. Weitere Fehler schlichen sich bei diesem Porträt ein: Mit dem Zeichenstift wurde zu gleichförmig betont; die Augen wie der Mund sehen geschminkt aus. Ferner ist bei diesem Beispiel die Stirn viel zu klein angesetzt, als ob die Haare in den Kopf hineingezeichnet wären. Deshalb ist zuerst ein Ellipsoid zu zeichnen, auf das die Haare aufgesetzt werden. Weiterhin fällt bei

Anatomische Verhältnisse

Bleistift

Bleistift

Bleistift

Das Porträt

Bleistift

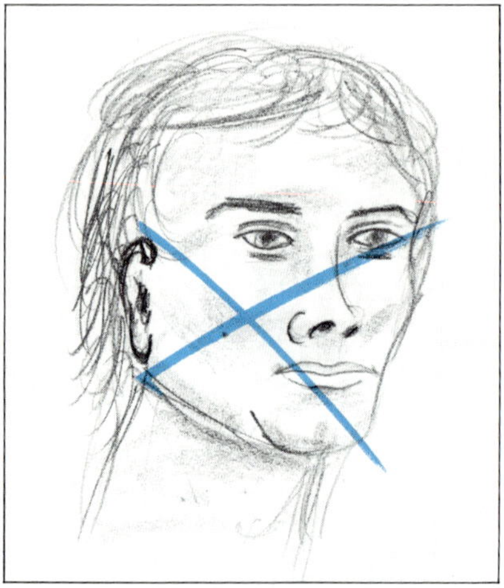

diesem Beispiel (↑) auf, daß die Augen zu weit vorstehen und nicht in einer Ebene liegen. Außerdem sind sie gleich groß gezeichnet, was aber durch die leichte Drehung des Kopfes nicht richtig sein kann. Denn jenes Auge, welches dem Betrachter am nächsten liegt, muß vom Perspektivischen her etwas größer erscheinen als das dahinterliegende. Ferner ist das Ohr an eine Stelle gezeichnet, wo es nicht hingehört. Im Gegensatz dazu vergleiche man die Seiten 84 bis 87.

Hände

Sie stellen als Instrument, zu allen möglichen Geschicklichkeiten befähigt, ein besonderes Phänomen dar. Entscheidend sind vor allem die Gelenke und die damit verbundenen Bewegungsrichtungen. Von der Form her sind kantige Grundformen (→) – am besten quadratische Säulchen – vorteilhafter, da besonders bei den Fingern durch runde Formen leicht wurstige Gebilde entstehen können (↓).

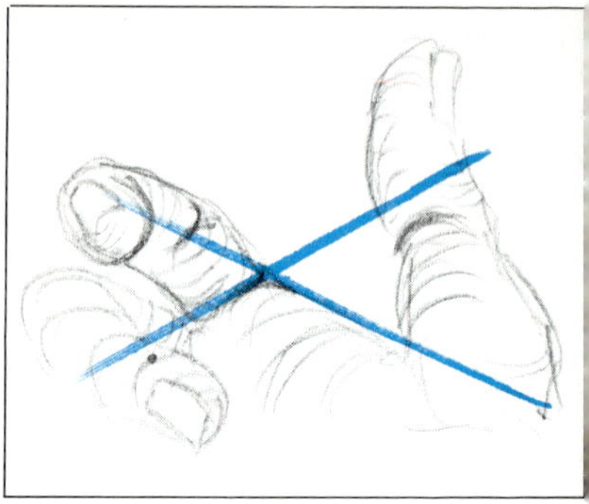

Betrachtet man den ganzen Bewegungsablauf der einzelnen Glieder, wenn sich die Hand schließt, so ist er

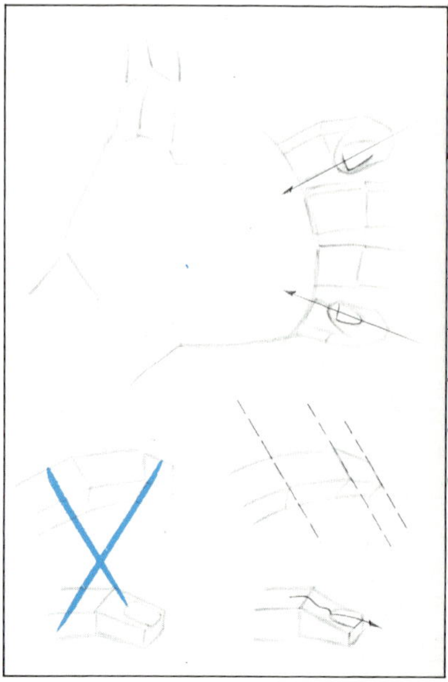

nach innen zu gerichtet, als ob die einzelnen Glieder eine Kugel von allen Seiten umfassen (↙). Dabei verläuft der Bewegungsablauf eines einzelnen Fingers und des Daumens in »einer« Richtung, da bis auf das Kugelgelenk an der Wurzel dieser Glieder - beim Daumen noch tiefer sitzend - lediglich Scharniergelenke vorliegen (↙). Zu beachten ist auch, wie die Nägel an den Fingern ansitzen.

Bei der Vorgehensweise wird wieder von einer angefertigten Proportionsskizze ausgegangen. Anschließend - nach der räumlichen Erfassung - erfolgt eine mehr oder weniger detaillierte Ausarbeitung (↓).

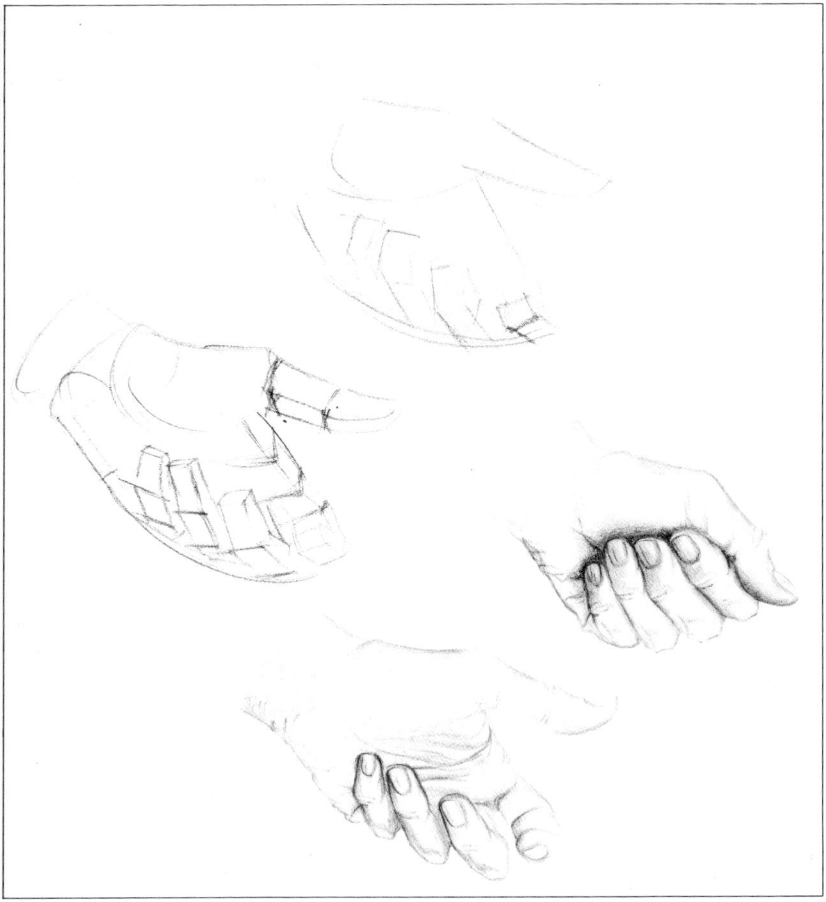

Füße

Sie sind so optimal geformt, daß dabei Kräfte aufgenommen werden können, die weit über dem Körpergewicht liegen. Hervorstechend ist die Hohlform, die nicht nur von der Auflagefläche her erkennbar ist, sondern auch von der Frontalen (↓). Einzelne Zusammenhänge dabei zu studieren, ist sehr empfehlenswert, da nur von dem zufällig Sichtbaren, wie beispielsweise der äußere Knöchel gegenüber dem inneren tiefer liegt, nie allein ausgegangen werden kann.

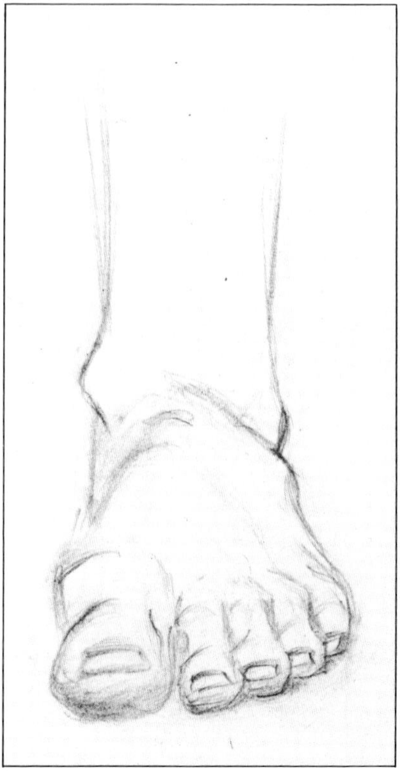

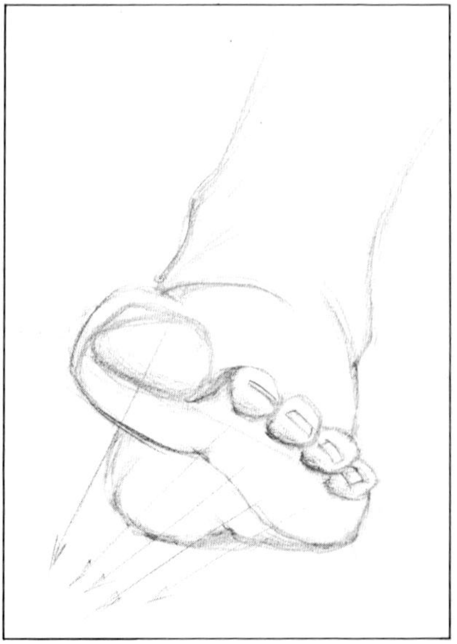

Tiere

Bei vielen bekannten Tieren ist es von der Funktion her um die Gliedmaßen nicht recht viel anders getan als beim Menschen, nur daß die Proportionen und das Aussehen in einem anderen Verhältnis stehen. Vergleicht man beispielsweise bei einem Hund die Vorder- oder Hinterbeine mit unseren Armen oder Beinen, so ergeben sich trotz der unterschiedlichen Teilabschnitte ähnliche Gelenke und demnach auch ähnliche Bewegungen. Während bei uns die Fersen bis zum Boden reichen, so sind diese bei einem Hund, Pferd, Reh usw. lediglich angehoben.

Oft kommt es vor, daß Tiere zu vermenschlicht gezeichnet werden, was

Bleistift

vor allem von der Unachtsamkeit gegenüber der Augenpartie herrührt. Die Augenwinkel stehen nämlich bei vielen Tieren nicht waagerecht zueinander, sondern in einer V-Form (Seite 91↑). Weiterhin ist beim Hund der treuevolle Blick zu berücksichtigen, der besonders durch Beachtung der Sorgenfalten oberhalb der Augen zur Geltung kommen kann. Ferner müssen das Fell, die Mähne, das Schuppenkleid in der jeweiligen prägnanten Form erfaßt werden. Doch anzunehmen, daß ein langes Fell ohnehin

Bleistift

wuschelig aussieht und demnach die Formen des Körpers belassen werden können, ist irrig. Dadurch kann es zu denselben Fehlern kommen, als wollte man eine bekleidete Person nur vom entsprechenden Faltenwurf her zeichnen.

Deshalb ist auch hierbei nicht nur vom Sichtbaren auszugehen, sondern von der Funktion, die in dem ganzen Zusammenhang eines Tieres inbegriffen ist, wie aus den aufgeführten Beispielen (Seite 91–94) zu sehen.

Kohle

Anatomische Verhältnisse

Kohle

Register